돌고 돌아 정책이 되는

역발상

• 동아경제 연재 칼럼 · 제18집 •

돌고 돌아 정책이 되는

이은구 지음

신지사

동아경제 연재 칼럼 · 제18집

돌고 돌아 정책이 되는 억발상

초판 발행 2023년 8월 7일 **지은이** 이은구
발행처 시지시 **등록** 제2002-8호(2002.2.22)
주소 ㉾10364 고양시 일산동구 호수로 688. A동 419호
전화 050-5552-2222 / 070-7653-5222 **팩스** (031)812-5121
이메일 sijis@naver.com

ISBN 978-89-91029-77-4 03320   값 15,000원
Copyright ⓒ 이은구, 2021 Printed in Korea

"매일매일 달라져라.
그렇다면 성공할 것이다."

상식을 때려 엎는 역발상의 주인공,
38년 외길로 이어온
그의 뚝심 전선은 아직 이상 없다.
앞으로도 강한 힘으로 세상을 돌파할 것이다.
지적재산권 170개를 확보한 아이디어맨,
삶의 시련과 아픔을 통해
요동치는 세상을 뒤집어보고
잘못되어지는 현상을 가차 없이 지적하는 그를 만나
이 사회에 제안하는 역발상의 내용들을 들어본다.

대전사범학교 졸업. 경영학 학사
동국대학교 대학원 최고위과정 수료
국가평생교육진흥원 경영전문학사
초, 중고등학교 교사 15년
≪경의선문학≫ 수필 등단
전국소기업연합 공동대표 역임
(사)한국놀이시설생산자협회 회장 역임
민주평통고양협의회 수석부회장 역임
해미중학교 총동창회장 역임
해미사랑장학회 이사장 역임
국립대전사범학교 총동창회장
경의선문학회 이사
(주)신이랜드 대표이사(현)
시민신문사 운영위원장(현)
고양상공회의소 고문
고양경제인연합회 고문
2008년 대통령 표창
2010년 독서 생활중앙회 칼럼부문 대상 수상
2010년 장영실 발명문화대상 수상
2012년 도전 한국인상 수상
2012년 대한민국 성공대상 수상
2012년 신한국인상 수상
2012년 21세기 한국인상 수상
2013년 혁신한국인상 수상
2015년 국토교통부장관 표창
2021년 대한민국 독서문화대상 수상

•방영된 다큐멘터리•

MBS 다큐멘터리 [작은 거인] [뚝심전선 이상 없다]의 주인공
EBS 다큐멘터리 [나의 뜻, 나의 길] [노가다 맹장]의 주인공
KBS 다큐멘터리 [휘파람을 부세요] [시스템 사장]의 주인공
SBS 톡톡비지니스
C&M 함께 살아가는 세상 외 1편

현재 저자는 발명특허, 실용신안, 의장 등 170여 종의 특허를 보유하고
있으며, 놀이시설, 휴식시설, 체력단련시설 등 800여 종의 고유 브랜드를
개발하여 전국에 보급하고 있다. 놀이시설 안전인증 최다 합격품을 출시
한 이들 시설물은, 청남대, 엑스포, KBS, MBC 등의 주요 기관과 전국 각
지의 300여 아파트 단지와공원에 설치되어 있다. 특히 조립식 간이 정자
는 가장 좋은 시설로서 그 명성을 자랑한다.

♣ 95% 확인 정신으로 임했다.

♣ 불필요한 접대문화를 지양했다.

♣ 안 되면 안 되는 이유를 끝까지 찾아내서 해결
했다.

♣ 실수한 것을 격려하고 그 원인을 찾아내면 상
을 주었다.

♣ 경쟁업체에서 기능인을 스카우트하지 않았다.

♣ 외상은 하지도 않고 주지도 않는다.

♣ 대금 중 30%가 입금되어야만 계약으로 간주했다.

♣ 안전교육 없는 시작은 없다.

♣ 믿으면 100% 신뢰하고 그렇지 않으면 아예 믿
지 않는다.

신이랜드 사훈

95% 확인정신

실천강령

- 신속정확
- 정직필승
- 공평무사

※ 을이 갑을 관리하며 일하는 회사.
(갑:발주자, 을:신이랜드)

세 번째 책 '네모난 지구, 둥근 지구'는 감성이 지배하는 사회를 합리적으로 바꾸자는 역발상 최초 실험적 글이었다.

이 책이 나왔을 때 한 지인이 책 내용이 도발적이고 현실에 맞지 않아 반박 글을 쓰려고 문방구에서 노트를 구입했다.

처음 읽었을 때 여러 줄이 나왔다.

2번째, 3번째 읽으며 반박내용을 지워갔다.

4번째 읽은 후 모두 지웠다는 이야기를 들었다.

필자의 글을 처음 읽으면 현실성 없는 억지 주장처럼 느껴질 때가 있는 모양이다.

필자는 5년 앞을 내다보고 쓴다.

대중이 느끼지 못하고 생각하지 못한 것들을 미리 보고 미리 생각하여 쓰는 버릇이 38년째다.

필자는 그런 것들이 하나하나 현실이 되고 유사하게 변하는 것을 보며 가슴이 부풀어 오르고 통쾌한 마음이 들 때가 많다.

38년 이런 글을 쓰면서 반대 댓글도 보았고 찬사도 받았다.

'돌고 돌아 정책이 되는'이가 이번 책의 부제이다.

'하면 된다!'를 가훈으로 정하고 아이들에게까지 실천하도록 권하지만 맘대로 되지 않는데 독자 중엔 이해 안 되는 내용도 있겠지만, 아직 현실로 나타나지 않았으니 지켜보는 수밖에 방법이 없을 것이다.

기존의 고정관념을 뒤집는 역발상이 전 세계를 강타하고 있는 경제불황을 극복할 수 있는 새로운 힘으로 더욱 주목받고 싶다.

2023년 여름

저자 이은구

CONTENTS

이은구의 경영철학
프롤로그 _역발상이 힘이다

Part 1 세상이 변하면 나도 변해야

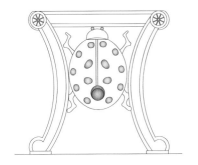

Part 2 정책이 된 역발상 칼럼

Part 1
세상이 변하면 나도 변해야

내 차 타고 만주벌판 달리는 꿈

남북문제는 풀릴 듯 풀릴 듯하다 가도 다시 꽁꽁 얼어붙는다. 역대 정권의 가장 큰 목표는 남북문제를 해결하는 일이었다. 햇볕정책(김대중 정권)으로 남북문제를 풀려고 했던 때가 있었다. 이산가족 상봉을 비롯한 많은 일이 있었다. 그 결과 김대중 대통령은 노벨평화상을 탔다. 그 후에도 여러 차례 최고지도자들이 평양을 방문했고 미국 대통령과 판문점 만남도 있었지만, 핵 문제에 가로막혀 모두 도루묵이 되고 말았다.

지금도 비공식 대화가 이루어지고 있지만 구체적 성과가 나타나지는 않고 있다. 핵 문제 때문이다.

그동안 비밀리에 만들어 놓은 핵을 모두 폐기하라 주장만 하고 있고 상대방은 모든 것을 들어줄 수 있지만 핵 문제만은 양보할 수 없다고 버티고 있다.

이쯤 해서 완전 폐기 정책을 포기하고 현 상태에서 동결 (IAEA감시) 정도로 절충하는 것이 가장 현명한 방법일 것이다. 그렇다면 미국과의 대화도 가능할 것이다.

북한의 당면문제는 식량난과 낙후한 도로 문제일 것이다. 경의선 북쪽 구간(개성-신의주)을 남쪽에서 확장 포장하여 고속도로를 건설해주고 우리 쪽의 관광객이 개성까지 왕래하도록 한다면 북한의 식량난도 교통 문제도 크게 개선할 수 있다. 북에서는 돈 한 푼 들이지 않고 새 고속도로를 얻을 수 있고 매일 발생하는 수십억의 통행료와 남쪽의 남는 쌀 지원으로 북한 주민의 식량난도 해결할 수 있다. 우리 쪽에서는 내 차 타고 만주벌판 달리는 꿈을 꿀 수 있다.

「내 차 타고 만주벌판 달리는 꿈」

자가용 타고 개성에서 신의주까지 북한 땅을 달려 단둥을 거쳐 선양, 연변, 도문, 목단강 등 만주 지방을 달려보는 꿈이다.

북한과 중국에서도 통행료를 받아 챙기는 수입 외에도 기념품 판매, 음식물 판매 수익이 생긴다. 우리 관광객들은 분단 이후 한 번도 가보지 못한 북한을 통과하며 북한의 자연환경과 사는 모습을 먼발치에서나마 볼 수 있어 좋다. 내 차로 옛 조상들이 떵떵거리고 살았던 고구려 유적지, 발해 유적지, 조선족 자치주 등을 돌아볼 수 있는 등 민족의 자긍심을 높이는 사업이 될 수 있어 좋다.

23년 06월 22일

쌀 풍년 예감

오래전부터 우리나라도 물 부족 국가라 하면서 앞으로 물 부족 현상에 대비해야 한다는 말이 많았다. 그러나 올해엔 그런 말이 쏙 들어갔다. 모내기 직전에 비가 내렸기 때문이다. 모내기 99%까지 진행되고 있지만, 저수지마다 물이 많이 남아있어 모가 다 자랄 때까지도 물 걱정 없을 것이다.

금년도 아직은 풍년이 예감된다. 아직 태풍이 없었고 비가 자주 왔기 때문이다.

농촌에는 젊은 인력을 찾아볼 수 없다.

그러나 트랙터, 이양기, 콤바인, 드론 등 첨단 장비의 보급으로 벼농사는 매년 많은 인력 필요 없이 기계가 농사를 지어도 풍작이다. 전 국민이 농사에 매달릴 때보다 한 마을에 농기계를 갖춘 젊은 농부 2명만 있어도 농사를 지을 수 있는 상황으로 바뀌었기 때문이다.

우리나라의 논은 역대 정권의 역점사업으로 경지정리가 다 되었고 관수시설도 완벽하게 되어있어 제때 모를 낼 수 있고 저수지에 물이 많이 담겨있어 금년도 풍년이 확실하다. 다만 앞으로 수확시기까지 초강력 태풍이 없어야 한다는 전제가 깔려있다.

매년 계속되는 풍년에도 농민들은 가을이 되면 걱정이 태산이다.

쌀값이 내려가고 도정공장에서는 판로가 없다며 위탁판매를 기피하기 때문이다.

정부는 매년 쌓이는 재고 때문에 수매량을 늘리지 못하고 있어 쌀값이 떨어질 수밖에 없다.

김대중 정권, 노무현 정권 10년은 남는 쌀을 북한에 차관형식(?)으로 보내는 방법으로 쌀값 조절도 가능했고 재고관리도 문제가 없었다. 따라서 북한의 식량난도 해소될 수 있었다. 그러나 북한의 지속적인 핵 개발로 쌀을 보낼 수 없어 안타깝다. 북한의 핵 억제 노력이 있다면 남쪽의 남아도는 쌀을 북으로 보내어 북한 인민들도 잘살 수 있을 텐데 위정자의 결단이 필요하다.

풍년이 든다면 남는 쌀을 북에 주고 희토류 같은 자원과 교환할 수 있는 방법을 찾아야 한다.

남아도는 쌀은 쌀국수, 즉석밥, 쌀과자 등 국내 소비는 물론 해외 판매 확대로 쌀을 이용한 다양한 먹거리가 개발되어 수출까지 하고 있다. 경기 침체가 얼마나 지속될지 알 수 없으나 주식인 쌀만큼은 자급자족할 수 있어 다행이다. 우크라이나 전쟁이 지속되고 대규모 댐까지 파괴되어 곡물 비상이 염려되고 있다. 기타 곡식 생산도 기계화되도록 농정당국의 노력이 필요하다.

(23년 06월 08일)

하루에 3시간을 걸으면 7년 후에 지구를 한 바퀴 돌 수 있다.
– 사무엘존슨

시행착오 인정하고 대처하면 새롭게 변한다

일반적으로 실수를 적게 하는 사람은 유능한 사람이고 실수를 밥 먹듯이 하는 사람은 무능한 사람 취급을 받는다. 그래서 모든 사람이 실수하지 않으려고 노력하지만, 실수하지 않는 사람은 없다.

실수하고도 아무렇지도 않은 것처럼 시치미를 떼거나 실수한 것을 덮어 버린다. 그렇다고 실수가 없어지거나 줄어들까! 그렇지 않다.

「시행착오 있을 수 있다.」 시행착오를 인정하고 빨리 대처하면 새로운 변화의 원동력이 된다. 2023년은 과거보다 더 많은 변화가 일어나고 있다.

대표적인 사례가 노동시장의 변화이다. 수년간 민주노총은 절대불변의 대명사였다. 불법으로 작업장을 점거해도, 지하철을 중단시켜도, 도로를 점거해서 교통을 마비시켜도 비난만 하면서 바라보고만 있어야 했다.

바라보고만 있던 경찰의 강경 대응이 시작되면서 스스로 시위를 자진 철회하는 새로운 변화가 나타나고 있다. 대책 없이 바라만 보던 시대가 끝나가고 있으니 2023년 우리 사회의 가장 큰 변화가 아닌가 생각된다.

북한의 우주선 발사체(로켓?)는 9분 만에 실패로 끝났다. 서울에 발령된 잘못된 대피경보는 시민의 불안과 안전 대피의 허점을 드러냈다. 같은 상황에서 일본의 경보는 "북한의 우주선 발사, 지하실로 대피"라는 간단명료한 알림이었다.

신문에서는 이를 "한국은 맹탕, 일본은 진국"이라 평가했다. 시행착오는 있을 수 있다. 앞으로 얼마나 빨리 시정하느냐가 문제이다. 시행착오가 나타날 때마다 비난만 하지 말고 어떻게 개선할까를 제시하고 관계자와 관계기관의 신속한 개선책이 나온다면 시행착오는 새로운 변화의 동력이 된다.

각종 사고로 발생하는 응급환자가 이송 중 사망하는 기사가 자주 나온다. 병원마다 응급처치 능력이 없다고 거절하기 때문이다.

정부와 정당의 긴급 처방이 나왔다. 응급실에 있는 경증환자를 일반실로 옮기고 응급환자를 받도록 하는 처방이 나왔다. 불가능한 것으로 치부하던 현상을 가능한 현상으로 바꾼 것이다. 어느 현장에서나 나타나는 시행착오는 신속하고 간단한 대처 방법으로 변화시킬 수 있다는 증거일 것이다.

훈련을 시켜라. 교육과 훈련을 지속해서 시키면 매일 발생하는 혼란이 안정으로 변할 것이다.

필자는 현장에 나가는 기능공을 반드시 교육 시켜 "실패해도 좋다. 자신 있게 해라!" 이렇게 자신만만하게 현장에 임하게 하므로 도리어 실패가 없다.

이것이 우리 회사의 노하우인 것이다.

기업을 키우려면 기업주가 실력과 자신감을 가져야 하고 기능공도 자신감을 갖고 생산 활동에 임해야 함을 알아야 할 것이다. 그것은 실수를 두려워하지 않는 자세에서 시작된다.

실수가 두려워 다른 사람이 하는 것을 보고 따라 하려고 하면 실수를 줄일 수는 있지만 성공할 확률은 줄어든다.

오늘 한 실수를 인정하고, 보완하고, 개선하면 기술이 축적되고 노하우(특정 기능을 수행하는 능력)가 되어 가장 큰 자산이 될 것이다. 시행착오 인정하고 신속히 대응하여 새롭게 바꾸면 사회는 안정되고 경제는 발전하여 살기 좋은 사회가 될 것이다.

(23년 06월 01일)

억울증이 확산하고 있다.

세상의 모든 사람에게 공통으로 느끼는 병이 있다면 억울증일 것이다. 특히 우리나라 사람들에게 더욱 심한 것은 고도성장 과정에서 나타나는 부정부패, 빈부격차, 불공정성과 수시로 발생하는 각종 사고로 인한 피해 때문일 것이다. 6·25전쟁 때 희생된 수백만 명의 가족들 그들은 대부분 억울증을 해소 못 한 채 세상을 떠났다.

국민이 모두 울분을 참을 수 없는 대형 참사! 알고 보면 무리한 진행, 서류 중심 점검, 허술한 관리 감독, 미숙한 운용 등 안전을 무시한 진행과 본인을 비롯한 실무자들의 책임 떠넘기기 직업의식 때문이다. 매일매일 발생하는 크고 작은 사고로 병상에서 억울하게 살아가는 사람들과 「가족들의 억울증」 예기치 않은 각종 사고를 아주 막을 순 없지만 줄일 순 있는데,

줄지 않는 이유가 곧 안전 불감증이고 관리 부실이다.

중대재해법이 시행되고 있는 지금도 매일 일어나는 각종 사망사고가 안전 조치 미흡으로 나타났다. 안전 불감증 뒤엔 늘 억울증이 따른다. 각종 사고가 줄지 않는 것은 근로자 의식에도 문제가 있다.

우리나라는 작업장의 조직부터 정부의 거대 조직까지 각종 매뉴얼은 잘 짜여 있고 강력한(중대재해법 등) 처벌법도 있지만 사고는 지속된다.

현장을 무시하고 책상머리에 앉아 만든 방대한 계획서에 책상머리에서 서류로 기록한 결과처리까지 실제 행하지도 않고, 확인도 하지 않고 서류상으로만 완벽한 것으로 기록하고 결재하는 서류 제일주의가 지속되는 한 사고는 앞으로도 지속 발생할 것이다. 각종 사고로 다치거나 죽은 자 그로 인해 고통받는 가족들은 억울증에 걸려 평생 고통받으며 살아가고 있다. 억울한 사고로 고통받는 사람도 많지만, 나라를 지키다 산화한 장병들의 가족들도 억울증 때문에 평생을 고통받고 있다. 교통사고로 고통받는 사람은 더 많다. 최근에 발생한 전세 사기를 당한 사람들 그들은 억울함을 참지 못하고 생을 포기하기도 한다. 가족들은 평생 억울증을 해소하지 못한 채 살아가야만 한다.

거창한 계획보다 실천 가능한 계획이 필요하고 계획에 대한 실천 과정을 꼼꼼히 챙겨보는 95% 확인 정신이 절실하다. 모든 분야에서 개혁보다는 개선이 선행되어야 하고 사건이 일어날 때마다 관리부실과 도의적 책임이 있는 책임자만 처벌하는 것으로 끝나면 억울증 환자는 계속 늘어날 것이다.

법적 책임을 묻는 것도 중요하지만 실무자도 책임지는 책임의식이 필요하다. 공직자들의 공평하고, 공정하고 정의로운 직업의식과 국민 모두의 자기관리 수준이 한 단계씩 올라가지 않으면 억울증은 계속 확산할 것이다.

(23년 05월 25일)

믿음은 네 생각이 된다.
네 생각은 네 말이 된다.
네 말은 네 행동이 된다.
네 행동은 네 습관이 된다.
네 습관은 네 가치가 된다.
네 가치는 네 운명이 된다.

- 간디

대통령을 큰일 할 수 있게

세계사에서 빛난 최고지도자(대통령, 수상, 왕, 황제)들의 치적을 보면

(1) 고대 중국 진시황의 만리장성은 적군을 효과적으로 막아 국민을 안전하게 보호하는 시설이다.

(2) 조선의 세종대왕(4대)은 한글을 창제하여 후손들이 쉽게 배우고 활용하여 생활할 수 있는 제도를 만들었는데 세계에서 통용되는 수백 개의 글 중 가장 우수하다는 평을 받고 있어 최고의 치적으로 수 천 년 대대로 추앙받는 왕이 되었다.

(3) 미국의 후버대통령(31대)은 후버댐(코로나도 강을 막아 만든 댐)을 건설하여 대공황을 탈출시키는 위대한 대통령이 되었다.

몽골 칭기즈 칸이나 프랑스 나폴레옹은 당대의 영웅이었지만 국민의 안전과 평화보다는 손해를 끼친 장군이어서 치적으로 평가할 수 없다.

근대 우리나라를 통치한 역대 대통령 중 박정희 대통령의 중화학공업, 자동차, 조선, 경부고속도로 등의 사업으로 세계 최빈국을 세계 7대 강국의 기틀을 만든 위대한 치적을 만든 대통령으로 기억할 수 있다.

그 후 역대 대통령들은 자질구레한 일을 처리하느라 큰 치적을 남기지 못하고 임기를 마쳤다. 그러나 이명박 대통령의 4대강 사업은 찬반 논쟁이 지속되고 있지만 먼 훗날 작은 치적으로 평가될 수도 있을 것이다.

앞으로 대통령은 5년 후 퇴임 때 그 이름을 기념비에 남길 치적 쌓을 수 있도록 해야 한다. 국민 다수의 제안이나 공약을 발표하고 퇴임 시 치적으로 나타날 수 있는 일을 하도록 하는 관행을 만든다면 각 부 장관도 단체장도 회사대표는 물론 가장들까지 자기 치적 만들기에 관심 두고 실천하며 살아가는 훌륭한 전통으로 정착될 것이다.

이참에 차기 대통령들이 내세울 만한 치적 쌓기 예를 들어본다면

① 육지와 제주도를 잇는 해저터널 공사

② 중국 산둥반도를 잇는 "

③ 부산 거제도와 대마도를 잇는"

④ 바다 위에 세워지는 해상도시 건설

⑤ 산 정상과 산 정상을 연결하는 하늘고속도로 등 수 백년을 내다보고 후손들이 풍요롭게 살아갈 수 있는 큰일을 추진하도록 잔일에서 해방시켜야 한다.

⑥ K팝, K푸드, K전투기, K진단키트, K백신을 통하여 세계시장을 넓히는 K브랜드 만들기 사업 등도 생각해 본다. 대북문제를 푸는데 대통령의 통 큰 결단이 필요하다. 여든 야든 잡다한 일까지 대통령에게 책임 묻지 말고 각 부장관이 처리할 수 있도록 하고 대통령은 안보, 국방, 수출, 건설 등 100년 앞을 내다보는 일에 전념하도록 해야 한다.

(23년 05월 18일)

나는 평생 동안 단 하루도 일을 하지 않았다.
내가 하는 모든 것이 그냥 재미있는 놀이였었다.

(토마스 에디슨)

져주고 즐겨라

코미디언 고 배삼룡은 져주는(넘어지는) 연기로 많은 시청자에게 즐거움을 주고 세상을 떠났다. 그런데 배삼룡 씨에게 무슨 손해가 있었는가?

조선 500년 내내 관료들은 파당을 지어 상대방과 싸워 이겨야만 했다. 지금 우리 사회의 현상은 조선 시대보다 더 심하게 싸우면서 국민을 피곤하게 하고 있다. 진보와 보수로 나뉘어 극한투쟁을 하는데 호남인들과 영남인 들도 진보와 보수로 갈려 싸움에 동참하고 있다.

500년 당파싸움보다 더 악화된 현 사태를 그대로 보며 비판만 하고 있을 때가 아니다. 정계 원로들과 교육계 및 사회 원로들이 나서야 한다. 정계를 은퇴한 원로의 쓴 소소 거리가 대서특필 될 때가 있다. 작은 목소리 하나하나가 큰 변화를 일으킬 수 있다는 증거일 것이다.

우리나라에서도 만델라가 나오려면 사회가 먼저 변하기 시작해야 가능하다고 생각한다. 보수와 진보로 나눠 싸우는 싸움판을 비판하는 쓴소리를 쏟아 내야 한다.

방송사마다 극단적 패널들이 매일 열띤 토론을 하고 있다. 방송사는 극단적 패널이 아닌 중립적 패널로 교체시켜야 한다. 져주는 토론자가 나와야 정치권도 져도 괜찮다는 인식을 줄 수 있다.

① 방송사가 앞장선다면 의외로 빨리 변화를 이끌 것이다. ② 선거제도도 바꿔야 한다. 한 선거구에서 2~3명이 나올 수 있는 중대선거구제도로 바뀌면 극한 대립이 줄어들 수 있다. ③ 현행 비례대표도 싸움꾼을 배제하고 교육계, 문화계, 체육계, 농민단체 등에서 전문성을 갖춘 인사가 국회에 진출하는 직능대표제가 필요하다. ④ 남북한 간 대결 구도도 완화되어야 한다. 이산가족상봉, 경평축구대회, 노래자랑 등 실천 가능한 분야에서 꾸준히 왔다 갔다 하면 대결보다는 대화가 필요함을 양 국민이 공감하게 될 것이다.

과거의 폐단도 잘 개선하면 사회를 아름답게, 세상을 풍요롭게 바꿀 수 있다. 600년 이상 죽고 죽이는 이념싸움을 단절시킬 수 있는 길은 보복보다 양보와 져주고 즐기는 사회적 분

위기를 만들어야 한다.

이기는 데는 많은 노력이 필요하지만 져주는 데는 마음을 조정할 수 있는 수양이 필요하다. 승부 게임 보다 서로 양보하는 방송프로그램을 많이 만들어야 한다. 이기고 즐기는 장면 보다 져주고 즐기는 방송이 극단적 당파싸움을 끝내는 시대를 앞당길 것이다.

(23년 05월 11일)

사람은 누구나 두 가지의 교육을 받는다.
하나는 타인에게 받는 교육이고,
또 하나는 자기 스스로 배우는 것으로
이것이 훨씬 중요하다.

(에드워드 로마제국...중)

과도한 최저임금 인상이 일자리 없애고 있다

문 정권 들어서면서 시작된 최저임금 인상은 4년 만에 50% 이상 상승했다.

정상적인 회사에 근무하는 근로자는 생활 수준 향상이 된 것도 사실이다. 그러나 영세자영업자와 소상공인들은 살아나기 위해 근로자를 줄이고 가족경영이나 로봇을 활용하는 기업이 늘고 있다. 식당, 커피점 등 음식 서비스 쪽의 로봇 사용이 괄목하게 증가하고 있다.

2017년 필자가 칼럼으로 예측한 1인 기업이 급속도로 증가하여 매년 30만 이상으로 증가하고 있다.

2023년 현재 1인 기업은 430만 개로 증가했다. 550만여 개의 중소 영세자영업체(제조 및 소상공업체) 중 근로자를 고용하고 있는 기업은 120만여 개만 남았다. 정부는 세금으로

단기 일자리를 대폭 늘리며 대응하고 있으나 역부족이다. 대기업과 중견기업은 자동화로 대부분 전환했고 중소 제조업과 서비스업도 최소인력으로 운영하는 체제로 전환되고 있다.

주유소는 대부분 셀프로 전환되었다.

고속도로엔 하이패스로 전환되어 수납 요원을 찾아보기 힘들다.

회사마다 무인경비시스템을 갖춰가고 있다.

백화점도 무인 수납 체제로 바뀌고 있다.

농촌도 농기계 없이는 일할 수 없는 상황이다.

일자리는 이미 기계와 로봇으로 대체되고 있어 일자리 구하기는 하늘의 별 따기가 되고 있다.

눈에 띄는 것들만 열거해 보았지만, 눈에 보이지 않는 모든 곳에서도 사람을 덜 쓰거나 안 쓰는 구조로 바뀌고 있다. 그러니 지난 정부의 일자리정책이 실현 불가능한 헛구호로 볼 수밖에 없다.

그래도 틈새시장은 있다. 힘든 일, 위험한 일, 더러운 일(작업복 입고 땀 흘리는 3D업종) 잔손이 많이 가는 일들은 무인화나 기계화가 불가능하다. 젊은이들이 가고 싶어 하는 좋은 회사는 자동화, 무인화로 바뀌고 젊은이들이 싫어하는 일자리는 외국인들이 점령했었으나 코로나 이후 외국인마저 끊어지면서 농촌엔 일손이 없어 밭작물을 갈아엎어야 할 판이다. 일부 제조업체에서는 기술자 부족 현상이 나타나고 있지만 단순 일자리는 점점 더 줄어들 수밖에 없다. 혼자서 모든 일을 해결해야 하는 나 홀로 사업은 계속 살아남을 것이다. 100세까지 살 수 있는 장수 시대에 지금 당장 힘들고 전망이 없다 해도 10년 후를 내다보고 선택해야 하고 80세까지도 할 수 있는 일을 찾는 노력이 필요하다. 공무원 시험은 점점 더 치열해지고 대기업 취직도 더 힘들 것이다. 홀로 사업을 계획하거나 3D현장(힘들고, 위험하고, 더러운)이지만 임금이 보장되고 계속 일할 수 있는 곳에서 기술 배울 수 있는 곳을 찾아보는 것도 미래를 위한 설계가 될 것이다.

(23년 05월 04일)

오랫동안 꿈을 그리는 사람은 마침내 그 꿈을 닮아 간다.
—앙드레 말로

비대면 진료 모두에게 이익되는 선진제도이다

과거엔 60살이 되면 모든 친척과 마을 사람들을 초대하여 환갑잔치를 할 정도로 평균수명이 짧았다.

그런데 의료기술이 발전하고 생활 수준이 높아지면서 평균수명이 83세를 넘겼고 모든 사람이 100세 시대를 말하고 있다. 고혈압 환자가 크게 늘고 당뇨병환자가 급증하여 평생 관리해야 할 질병을 앓는 환자가 1,000만 명을 넘겼다.

당뇨병은 한번 걸리면 평생 약을 먹으면서 식사 관리를 해야 하는 병이다. 평상시 크게 아프거나 거동이 불편하지 않아 모르고 지내는 사람도 많은 병 같지 않은 병이다. 코로나는 감기 정도로 완화되고 있다.

평생 복용해야 하는 약조차도 병원에서는 매달 직접 진료를 강요하는 것은 후진적이며 이기주의이다. 진료 시간이라야 길어야 5분 정도고 피 한 방울 빼서 진단키트로 확인하면 끝이다. 비대면 원격진료로도 충분히 해결할 수 있는 질병이 많다. 많은 나라에서 병원 가지 않고 집에서 진료하고 처방받는 원격진료제도가 일반화되었는데 우리나라만 의사들의 이기주의로 실행이 지연되고 있다.

우리나라만 원격진료를 시행하지 않고 있어 노인증가율 1위인 우리나라의 진료비가 상대적으로 많이 들고 많은 시간을 병원에서 낭비하고 있는 실정이다. 노인이 되면서 많이 발생하는 고혈압과 당뇨 환자들의 의료비 지출을 줄여주고 병원에 오가고 대기하는 시간 낭비를 줄여줄 수 있는 제도가 원격진료제도이다. 원격진료를 막고 있는 기관이 「의사협회」이다. 의사협회는 병원 수입 걱정하지 말고 국민건강과 편의를 위해 양보해야 한다.

평생을 관리하는 당뇨병 때문에 매달 정기적으로 병원에 가서 의사의 진료를 받아야 약 처방을 해주는 현행제도를 빨리 바꿔 스스로 수치를 스마트폰으로 찍어 의사에게 전송하면 처방전을 스마트폰으로 보내고 약국에 가서 약을 타오도록 하면 의료비도 절감되고 도떼기시장이 된 병원도 정상화되면서 병원 수입은 줄지 않는 좋은 편리한 제도로 정착시켜야 한다.

산부인과, 소아과는 의사가 없어 진료조차 못 하고 있다고 한다. 지방은 의사 없어 문 닫아야 할 병원도 나올 수 있다. 간호사도 부족하다. 정부는 이쪽저쪽 눈치 보지 말고 비대면 원격진료제도를 즉시 실시해야 한다.

(23년 04월 27일)

음식은 '요리'하기에 따라 '맛'이 달라지고,
사람은 '생각'하기에 따라 '인생'이 달라진다.

(김현곤 인생디자인 중)

잡초 기르며 건강 챙기는 5도 2촌 시대

고령층이 급속도로 확산하고 있다. 세계적 현상이지만 우리나라의 고령화 사회는 더욱 빨라 평균수명이 82.5세에서 90세까지 올라갈 전망이다. 고령화가 확산할수록 건강에 관한 관심도 점점 높아지고 있다. 도심에서 병원을 들락거리며 약에 의존하여 생명을 연장하는 사람도 크게 늘었다. 약물보다는 약초를 활용하는 건강관리가 필요한 시점이다.

필자는 5도 2촌을 생활화한지 20여 년이 되고 있다. 5일은 도시에서 2일은 농촌에 내려가 잡초를 작물로 바꾸는 일을 하면서 2일을 건강관리와 잡초 연구에 전념하고 있다. 건강은 덤이 되는 셈이다.

잡초는 재배하는 전통적인 작물(콩, 보리, 마늘, 고추 등)보다 월등한 번식력을 갖고 있다. 하나의 작물을 잘 자라게 하려고 농부들은 10번 이상 잡초 제거에 나서는 일도 있다. 그만큼 잡초의 번식력은 대단하다. 작물을 개량하여 잡초를 이길 수 있도록 한다면 그 사람이 노벨상을 탈 사람이다.

농업진흥청과 산림청 등 정부산하기관에서 지속해서 종자 개량 사업을 벌이고 있어 많은 성과를 거두고 있음은 모든 국민이 알고 있을 것이다. 그러나 아직도 스스로 잡초를 제압하고 자라는 작물은 많지 않다. 농약을 살포하고 김매기를 하는 농부의 땀방울 덕분에 잘 자라서 농부들에게 소득을 안겨주고 일생을 마치게 된다.

앞으로도 지속적인 연구 노력으로 잡초와 대등하거나 잡초를 능가하는 자생력을 갖춘 작물과 화초가 나오도록 하였으면 좋겠다. 필자는 당뇨에 좋다는 돼지감자 종자를 구매하여 밭에 심고 귀한 작물 대접을 하면서 가꿨다. 그러나 돼지감자의 성장력은 작물을 능가하고 잡초를 제압하는 자생력을 갖고 있어 지금은 돼지감자 제거에 많은 시간을 할애하는 실정이다. 잡초보다 강한 돼지감자를 필자는 작물 취급하여 작물 3호로 규정하기도 하였다. 작물 1호는 고사리다. 10여 년 전 산에 주로 서식하는 고사리를 밭에 심을 때 농부들은 비웃었다. 산에 가면 얼마든지 채취할 수 있는 잡초를 왜 밭에 심느냐는 생각에서였다. 그러나 지금은 입산금지정책과 숲이 우거졌기 때문에 야산에 가서 고사리를 채취하는 것은 불법이고 수확량도 저조하다. 그러니 필자의 10여 년 전 선택은 앞을 내다보는 판단이었고 잡초를 작물로 보는 역발상적 조치였음이 입증되었다. 작물 2호는 달맞이꽃(야견화)이다. 뉴질랜드 여행 갈 때 주변에서 달맞이 기름을 사 오라는 말을 하였다. 달맞이기름은 혈액순환에 효과가 있고 면역력을 증강시키고 노화 방지에 효과가 탁월한 기름으로 식물성 기름 중 가장 고가로 거래되는 기름이다. 필자의 500여 평의 밭에는 이미 달맞이꽃으로 가득 차 있다. 잡초를 작물로 재배하는 시도는 계속되어 올해에는 4호 작물 더덕과 5호 작물 도라지를 빈자리마다 심었다. 잡초는 자생력이 강하여 흙이 있는 곳이면 어느 곳에서든 돌보지 않아도 잘 자란다.

사람도 잡초와 같은 자생력을 갖춘다면 세상 무서울 것이 없을 것이다. 병원과 약국에 의지해 살지 않아도 될 것이다. 80세 남짓을 살고 세상을 뜨는 일도 없을 것이다. 인간이 앞으로 120세 이상을 건강하게 살 수 있는 길은 스스로 각종 병균을 퇴치할 수 있는 강력한 면역력을 갖추는 일이다. 우리 몸속에서는 하루에도 수십만 개의 암세포가 생기는데 강한 면연세포들이 이들을 잡아먹기 때문에 대부분 사람이 암에 걸리지 않고 건강하게 살다 죽는다.

잡초는 건강에 좋은 효능을 가진 식물이 대부분이다. 모든 잡초를 제거의 대상으로 생각하지 말고 인간의 건강을 지켜주는 이로운 잡초를 찾아서 건강에 좋고 경쟁력 있는 작물로 재배하는 농촌으로 변모시키는 마을지도자(영농지도자, 이장 등)가 많이 나와야 더 나은 미래가 보이는 농촌으로 변할 것이다.

도시민들의 건강관리를 위한 5도 2촌 운동도 활성화되는 시대가 앞당겨질 것이다.

(23년 04월 20일)

당신이 된다고 생각하든 안된다고 생각하든
모든 것은 당신의 생각대로 될 것이다.
확신을 가지고 매일 1분간 꿈을 꾸어라.

(자동차왕 헨리포드)

유비무환은 모든 국민이 실천할 때 가능하다

　일국의 대통령은 국가와 국민의 안전관리를 위임받은 통치자이다. 국민의 안전을 지키고 행복하게 살아갈 수 있도록 미리미리 모든 조치를 하고 시스템을 관리하는 자리이다. 그렇다고 모든 국민이 통치자만 바라보고 있어서는 안 된다. 윤석열 대통령은 매일 발생하는 산불을 비롯한 각종 사고처리를 직접 지휘하기 위해 집무실을 지키며 수시로 현장 상황을 보고 받고 대처 방법을 제시하면서 잠을 설치고 있다. 유비무환은 모든 국민이 준비하고 실천해야 가능하다. 수시로 발생하는 크고 작은 사고와 돌발 사태를 막을 수 있도록 철저하게 준비하고 철저하게 관리하는 유비무환 정신이 필요하다.

　"사후 약방문"이란 말이 있다. '죽은 뒤에 처방한다는, 뜻으로 때가 지난 뒤에야 어리석게 애를 쓰는 경우를 비유적으로 이르는 말이다. 가족이 죽은 뒤에 후회한 들, 통곡한들 무슨 소용이 있는가. 큰 사고를 당하기 전에 철저히 준비해서 귀중한 생명과 재산을 보호하는데 온 국민이 참여해야 한다.

군대는 수십 년 내에 한 번 있을까 말까 한 전쟁을 대비하여 강도 높은 훈련을 지속해야 한다. 기업은 평소에 우수한 근로자를 양성하고 기술개발을 해야 하는데 이를 게을리하다가 일거리가 생기면 타사에서 열심히 일하는 근로자를 스카우트하는 행위를 해서 급한 불을 끄려 하면 안 된다. 어려울 때마다 국가에 도움을 요청하는 국민도 의식을 바꿔 평소에 검소한 생활을 하면서 미래를 위한 저축과 자녀교육을 게을리해서는 안 된다. 모든 것을 대통령만 바라보고 작은 실수라도 있으면 벌떼같이 일어나 비난하고 질타하는 태도부터 바꿔야 한다.

(23년 04월 13일)

행복은 습관이다. 그것을 몸에 지니라.
-허버드

더 빨라지는 분야와 더 늦어지는 분야로 양극화된 사회

우리나라는 한때 빨리빨리의 대명사였다. 중동 붐이 일었을 때 우리 근로자들의 빨리빨리 건설은 세상을 놀라게 했다. 그 후 모든 분야에서 빨리빨리가 일상화되었지만 그 시기엔 대충 대충 해서 빨리 끝내는 일이 많았다.

근로자들은 대충 대충하거나 편법을 써서 빨리 해치우고 현장을 벗어나려 한다.

원칙과 절차를 지키는 것을 아주 싫어한다. 적당히 하다가 문제가 되면 술대접을 한다거나 뇌물을 제공하며 사정하여 통과시키는 때가 있었다.

그래서 많은 사람은 빨리하면 사고 난다, 빨리하면 부실해진다고 핑계를 대는 빌미를 주기도 했다. 사회가 복잡해지면서 범죄자도 급증하고 있다. 경찰과 검찰이 수사하고 법원이

판결하여 최종적으로 확정 짓는 판사의 업무가 가중되고 있다. 이들은 빨리빨리 보다는 정확하게 판단하고 처리하여 피해자가 생기지 않게 하려고 많은 인원을 동원하여 점검하고 평가하기 때문에 늦어질 수밖에 없다. 그런 과정 때문에 하나의 사건을 종결하는데 수년씩 걸리기도 한다. 일반시민과 기업가들이 보기엔 가장 태만해 보이고 답답한 마음을 지울 수가 없다. 더 빠르고 유리한 결론을 내려고 변호사를 고용하는 등 막대한 비용을 지불하기도 한다.

빨리빨리는 고도의 기술, 기능, 시스템이 있을 때만 가능하다.

대형건설사는 첨단 장비를 최대한 동원하고 있어 고층 건물을 수개월 내에 지을 수 있다. 택배와 배달업 등 물류업체의 즉시배송서비스 업체들이 속속 등장하고 있다. 제조업체의 기계화와 AI(인공지능)시스템 도입 등도 일반화하고 있다. 더 빠르게 진행되는 분야가 속속 등장하고 있지만 사람 중심으로 진행되는 행정기관, 국회와 수사기관 판결기관 등에서는 과거보다 더 늦어지는 현상이 나타나고 있다.

사람들은 잘되는 방법, 빠른 방법을 알면서도 몸에 밴 습관을 고치려 하지 않는다.

'일 빨리'는 개인과 기관에도 성공조건이고 기업에도 성공조건이다.

과거 습관대로 내주장대로 일 처리를 하는 사람 중심 기관에서는 빨리빨리 시스템보다 안전하고 책임지지 않으려는 업무처리를 선호하여 폭증하는 업무를 제때 처리하지 못하고 수개월 수년씩 지연되는 현상이 벌어진다.

더 빠른 것이 경쟁력이다. 더 빨리 끝내야 비용이 절감되고 성과도 높아진다. 지연되는 업체에서도 일 빨리 업무시스템을 계속 보완해 나가야 한다.

(23년 04월 06일)

좋은 성과를 얻으려면 한 걸음 한 걸음이 힘차고 충실하지 않으면 안 된다.
—단테

임도확장으로 산불을 신속히 진화할 수 있도록 해야

봄이 되면서 대규모 산불이 전국에서 발생하고 있다. 주간에는 헬기에 의존하지만 해가 지면 헬기는 뜰 수 없어 산불이 확산하여 주변 민가까지 다 태워버리고 많은 이재민이 발생하기도 한다.

소방차와 소방인력이 신속하게 투입될 수 있는 넓은 임도가 필요하다.

산림은 점점 우거지고 낙엽이 쌓이지만, 땔감이나 퇴비 등으로 활용되지 못하고 있다. 최근 일부 앞을 내다보는 산주들이 자치단체의 지원을 받아 수종 개량(편백나무, 오리목, 자작나무 등)에 나서고 있어 희망적이지만 수종 교체를 빙자하여 벌목하여 벌거숭이산을 만드는 사례가 전국적으로 벌어지고 있어 안타깝다.

아름드리나무가 우거졌다면 맑은 공기를 맘껏 마시며 아름다운 경치도 감상하고 덤으로 수입에 의존하는 목재를 자급자족할 수 있어 좋다.

산은 우리 삶에 없어서는 안 되는 귀중한 자산이고 삶의 터전이다. 그러나 산을 잘 활용하는 정책은 아직 없다. 등산객의 전유물로 전락했을 뿐이다. 높지 않은 야산부터 임도를 개설하여 산불 발생 시 소방차가 신속히 진입할 수 있도록 하여 야간에도 신불을 진화할 수 있도록 해야 한다.

임도를 넓히고 포장하여 산 정상까지 차량이 올라갈 수 있도록 하면 산불 발생 즉시 소방차가 들어갈 수 있어 야간에도 불을 진화할 수 있다. 임도를 확장하여 울진, 동해, 강릉 등 전국에서 발생하는 산불을 조기 진화하여 인명피해와 재산피해 및 산림자원을 보존할 수 있도록 해야 한다.

아름다운 금수강산을 국민 모두는 물론 세계인도 같이 이용할 수 있는 때가 빨리 오도록 해야 한다. 다만 많은 차량이 내뿜는 매연으로 인한 피해가 없도록 하루 입산할 수 있는 차량 수를 조절하고 통행료도 징수하여 자연환경을 훼손 없이 보존하도록 운영과 관리 감독을 철저히 해야 한다.

관광객을 위한 케이블카 설치를 시민단체가 막고 있는 곳이 많은데 이들을 설득하여 차량이 들어갈 수 없는 높은 산(깊고,

높고, 험준한)도 모든 국민이 올라가 감상할 수 있도록 한다면
산림의 가치는 더욱 높아질 것이다.

(23년 03월 30일)

주의와 관심은
내가 남에게 줄 수 있는 가장 귀중한 선물이다.
누군가에게 진적으로 주의와 관심을 기우릴 때
이보다 더 귀하고 큰 선물이 어디 있겠는가.

(차드영 너의 내면..중)

하천, 저수지 상설준설팀 필요

우리 삶에 없어서는 안 되는 물과 불이 때로는 생명을 앗아가고 삶을 위협하기도 한다. 정부와 지자체는 물 관리 시스템을 수시로 보완하여 가뭄과 홍수를 막아야 한다. 지금 남부지방은 비가 장기간 내리지 않아 식수 걱정은 물론 공장 가동도 중단되는 상태라 한다.

폭우가 쏟아지면 흙탕물이 순식간에 넘쳐 논, 밭은 물론 도로를 덮어 버리고 생명을 앗아가기도 한다.

지방자치 단체가 하천과 저수지를 준설하여 물을 확보하는 일이 시급한데도 그런 노력을 하지 않고 있다. 자치단체 내에 하천, 저수지 준설 팀을 설치해야 한다.

필자는 하천 준설을 요구하는 칼럼을 주기적으로 쓰고 있다.

하천을 준설하여 항상 물이 고여 있으면 물고기들이 다시 자라게 될 것이고 폭우가 쏟아져도 배수가 잘되어 홍수 걱정이 없어진다.

하천의 무한한 자원을 활용하는 방안이 나와야 한다. 이명박 정권 때 시민단체의 반대에도 4대강 사업을 강행하였다. 지금도 반대하는 사람들이 있지만 여러 번 폭우에도 4대강 주변은 비교적 안전했다.

전국의 강과 소하천 그리고 실개천을 원상태로 복원하면 한국의 기적이 또 하나 생기는 것이다.

지자체가 지속해서 실천할 때 가능한 사업이지만 전 국민이 물 관리에 관심을 두고 하천과 저수지에 물이 항상 고여 있도록 해야 한다.

하천 살리기 운동은 제2의 새마을 운동이 되고 우리 경제의 원동력이 되어 한국은 또 한 번 세계의 이목을 집중시키고 수백만 관광객이 전국 방방곡곡을 찾는 날이 오도록 해야 한다.

소하천과 실개천 그리고 산을 잘 활용하면 교통, 관광, 양식, 놀이터 등 다양한 분야로 경제적 효과가 나타날 수 있다. 대마도에는 바닷물이 시내중심까지 들어오도록 하여 밀물 때는 물고기까지 같이 올라와 장관을 이루고 개천 양측 면 석축엔 조선통신사행차도를 전시하여 한국 관광객의 마음을 사로잡는다.

물 관리 경제가 성공한다면 주민의 안전과 소득증대는 물론 관광 수입 또한 증가할 수 있는데 그 가치를 모르고 방치하고 있는 것이다.

비만 오면 늘 걱정하는 개천의 범람도 옛날이야기가 되는 때가 빨리 오기를 기대해 본다.

하천 준설은 자치단체의 장비를 활용하거나 건설 현장 비수기에 민간장비를 활용하는 것이 좋다. 세워놓은 장비도 활용하고 농촌인력을 사용하여 농한기에 농가 수익을 올릴 수 있어 좋다. 준설은 매년 지속해서 실시해야 효과가 있을 것이다.

댐과 중소저수지의 담수율을 높여야 안정적으로 농사를 지을 수 있다.

(23년 03월 23일)

당신의 행복은 무엇이 당신의 영혼을 노래하게 하는가에 따라 결정된다.

- 낸시 설리번

강자의 아량과 약자의 객기

힘 있는 자는 져주고 힘없는 자는 지는 것이 세상 사는 이치고 순리다. 사람들은 이 순리를 무시하고 이기려고만 한다. 져주고 여유를 느끼고 지고도 여유를 느끼는 삶이 필요하다.

할아버지와 어린 손주가 팔씨름하면 늘 할아버지가 진다.

져주는 역발상의 대표적인 사례일 것이다. 할아버지를 이겼다는 승리감, 성취감이 그 어린아이의 기를 살리는 방법이다.

그러나 늘 져주기만 하면 안 된다. 가끔은 이겨줘야 더 분발하고, 때로는 나도 질 수 있다는 것을 깨닫게 해주는 교육 방법이다.

져주는 역발상은 모든 분야에서 효과를 발휘한다. 지역과 지역 사이에도 국가와 국가 사이에도 효과를 발휘할 때가 있다.

강자가 져주면서 약자에게 아량을 베풀면 스스로 품격이 높아지는 것이다. 그래도 계속 달려들면 그때는 큰 힘으로 제압해서 버릇을 고쳐줄 필요가 있다.

약자는 적당히 대항하면서 상대방의 태도에 따라 움직이는 것이 현명한 방법이다. 늘 일본에 지고만(경제적으로, 군사적으로) 있을 때 일본을 이겨야만 잠을 잘 수 있었다. 축구 시합을 해도 일본만은 이겨야 직성이 풀리는 것이 우리 국민감정이었다.

그러나 지금은 큰 것은 모두 우리가 일본에 앞서고 있다. 중화학, 조선, 전자통신, 방위산업 등에서 앞서고 있으며 단지 소규모 정밀분야와 부품의 질에서 뒤지고 있을 뿐이다.

우리보다 앞서 있을 때 그들은 "통철한 반성"을 하면서 과거를 사죄했지만, 지금은 과거의 잘 나갈 때의 자존심 때문에 공식적인 사죄를 하려 하지 않고 객기부리고 있다.

강제동원 배상을 우리가(제삼자 배상) 해결하겠다고 나선 대통령의 통 큰 결단의 배경도 일본보다 우위에 있다는 자신감의 발로일 것이다. 국민 모두 자긍심을 갖고 일본과의 대화를 옛날과 다른 시각으로 바라봤으면 좋겠다.

(23년 03월 16일)

대마도對馬島는 우리 땅이었다.

대마도는 삼나무(레드우드) 숲과 편백나무(히노키) 숲으로 뒤덮였다. 고려 말 이성계의 대마도 정벌에 이어 조선 초 이종무의 대마도 정벌 결과 왜구의 출몰을 막고 조선 명종 때까지 대마 도주를 임명하여 통치하였다. 임진왜란 후 대마도를 되찾은 일본은 쓸모없다고 버려두었던 대마도에 나무를 심어 섬 전체가 고급 목재로 뒤덮여 있는 보물섬으로 변모시켰다. 독일에서는 전국에 가문비나무(독일가문비)를 심어 정부와 지자체가 계획적으로 관리하고 있다.

옛날엔 일본이 우리보다 못살았기 때문에 고려 말부터 왜구가 살기 좋은 우리나라에 자주 침범하여 약탈해 갔지만 그 후 일본은 미래를 내다보며 경제, 군사력을 키운 결과 1592년 임진왜란을 일으키며 전세가 완전히 뒤집혔다. 지금은 우리나라가 일본을 추월한 분야가 더 많다.

역대 정권은 위안부와 강제노역을 이용한 국민감정에 편승하여 일본을 적대시하였다. 일본은 강제노역 배상 요구에 무역 보복으로 맞서고 있다. 소재 부품 분야에서 월등한 일본을 배제하거나 일본의 보복으로 경제발전에 발목 잡혀 살아왔다. 윤석열 정권은 일본 강제노역 배상을 우리가 주도하여 해결하겠다는 역발상 정책으로 전환했다. 시민단체와 야당의 반대가 많지만 강하게 밀고 나가면 미국을 비롯한 세계가 인정하는 대반전이 일어날 것이다.

지금은 일본을 적으로 일본을 증오의 대상으로 만들 때가 아니다. 일본과 협력하여 세계시장을 장악하는 큰 그림을 그릴 때다. 거제도와 대마도 북단의 히타까즈를 연결하는 해저터널을 뚫어 일본진출을 확대하고 우리 기업과 부자들이 대마도 땅을 야금야금 사들여 다시 우리 땅으로 바꾸는 큰 사업을 설계할 때이다.

(23년 03월 09일)

뙈기 밭농사와 베란다 농사

텃밭은 집터 주변에 있다 하여 텃밭이고 뙈기밭은 뺨 뙈기만 하다고 하여 붙여진 이름이다.

1970년대 이후 급격한 산업화 열기에 농촌의 젊은이들이 무작정 도시로 나가는 이농현상이 극에 달했다. 농촌엔 70~80대 노인들이 힘겹게 농사를 짓고 있어 농기계 없이는 농사일은 엄두도 못 낼 형편이다. 정부의 지속적인 농촌 살리기 정책으로 농가마다 농기계는 대부분 갖추게 되었고 트랙터, 이양기 등 고가의 농기계를 보유하고 필요하면 이용료를 받고 대리경작 해주는 전업 농부와 영농조합의 등장으로 농사 걱정을 덜어 주고 있다. 또 하나 다행인 것은 최근 귀농 현상이 확산하고 도시 근교를 중심으로 텃밭 가꾸기 열풍이 일고 있다. 텃밭은 집터 주변의 자투리땅을 의미하지만, 토지소유

주들이 농업소득 증대를 목적으로 인터넷에 홍보하면서 텃밭의 의미도 달라지고 있다. 도시 근교의 농지를 쪼개어 많은 도시민에게 농사 체험을 할 수 있도록 하는 곳도 있다. 텃밭 가꾸기 붐을 조성하여 농가소득을 올리고 불황 속 고물가에 시달리는 도시민들의 먹거리 일부라도 해결하는 일거양득의 영농방법이다.

텃밭엔 상추, 시금치, 아욱, 가지, 마늘, 파 등 1년생 채소를 주로 재배하고 있어 농사 경험이 없이도 농약에 오염되지 않은 소량의 먹거리를 직접 재배하면 가계에 도움도 되고 건강도 좋아질 것이다. 해가 갈수록 중국산 먹거리에 대한 불안이 커지고 중금속 오염이 의심되는 시장 먹거리에 대한 불안도 해소되며 노후에 귀향하여 농사를 지을 수 있는 사전 경험도 될 수 있어 좋다.

도시 근교에서 분양하는 텃밭 외에도 도로 직선화 등으로 생긴 쓸모없는 땅(뙈기밭)이나 농사를 포기하여 잡초밭이 된 채 놀리는 땅을 이용할 수도 있다. 공원 주변이나 하천변의 뙈기밭을 공짜로 사용할 수 있는 곳도 있다. 부지런만 떨면 오염되지 않은 청정 먹거리를 스스로 길러 먹을 좋은 기회가 될 것이다. 그조차 찾기 힘들고 귀찮아 밖에 나가기 싫은 주부들은 베란다에 채소를 가꿔 보는 것도 식자재 구매비 절약에 도움이 되고 건강관리에도 좋다.

　매년 식량 부족을 걱정하는 북한에서는 산비탈을 일궈 만든 다락 밭과 하천 주변의 공터를 이용한 뙈기밭 농사로 생계에 도움을 받고 있지만, 우리나라에서의 텃밭 농사와 뙈기 밭농사는 취미생활이고 여가생활이 주이니 북한의 현실과는 무관하다 할 수 있다.

(23년 03월 02일)

해야 할 일을 미루고 페이스북이나 유튜브 등
좋아하는 것을 할 때 순간적으로 도파민이 분출된다.
하지만 미루는 일이 반복되면
점점 쌓여 큰 스트레스가 된다.

(로빈슨 5초의 법칙 중)

비정상을 정상으로

"비정상을 정상으로"는 박근혜 대통령 때 구호이다. 그러나 박 대통령은 성공하지 못한 채 탄핵을 당하고 뒤이어 등장한 민주당 정권은 퍼주기 정책으로 좋은 세월 다 보냈다. 공짜로 받아먹은 사람들에겐 두고두고 환영받을 만한 정책이었지만 부동산 가격 폭등으로 영끌하여 집 샀다 폭망한 젊은이들에겐 지옥 같은 세월이었다. 위기 속에 들어선 윤 정권이 비정상을 정상으로 돌리기 위해 칼을 빼 들고 있다.

그간 비정상을 정상으로 알면서 호가호위하던 노동조합이 정상화의 첫 대상이 되고 있다. 이들에게 가장 큰 피해를 받은 곳은 건설업체라 알려지면서 국민의 분노도 커지고 있다. 정부 비판, 반미투쟁 등에 염증을 느껴 새롭게 등장한 MZ노조에 큰 기대를 하고 있다. 정부의 엄정한 행정 집행을 통하여 정상화를 앞당겨야 한다. 병원에 진료 의사가 없다고 아우성

친다. 산부인과와 소아과에서 이런 현상이 가장 심했다. 24시간 진료 공백이 없도록 하는 대통령의 특별지시가 있어 큰 변화를 기대한다.

이 외에도 은행들의 돈 잔치는 빚더미에 앉은 서민들의 눈에는 그들이 강도처럼 느껴질 것이다. 이 또한 정부의 강력한 주문이 있고 난 뒤에야 스스로 이자율을 내리는 시늉을 하고 있으니 두고 볼일이다. 서민부담을 지속해서 줄여주는 제도가 필요하다.

비정상을 정상화하는 노력은 정부와 대통령의 노력만으로는 지속되기 어렵다. 모든 분야에서 과거에 정상으로 생각하며 방만하게 운영하고 편 가르기 행동으로 세월 보낸 공직자와 정당인들은 과거를 반성하고 새롭게 태어나야 한다.

정상적으로 수사하는 수사관을 깡패로 매도하고 정상화에 앞장서는 대통령을 깡패로 몰아붙이는 행위가 자제되지 않는다면 그들이 곧 적이고 깡패가 되는 세상이 되어야 한다.

(23년 02월 23일)

70세도 젊다고 생각하는데

나이 60세가 되면 온 동네 사람 초청하여 환갑잔치를 벌이던 시절이 있었다. 의료시설이 열악하고 생활 수준이 낮아 건강관리가 제대로 되지 않을 때 60세 환갑까지 살고 죽는 사람이 드문 시대의 이야기이다.

경제성장으로 삶의 질이 높아지고 첨단 장비를 갖춘 의료기관이 늘어나면서 평균수명이 80을 넘어섰다. 보험회사들은 백세 보험을 내놓고 선전에 열 올리고 있다. 도시는 물론 농촌을 가보아도 60살 먹은 사람을 노인이라고 부르는 사람은 없다. 노인정에 명함을 내밀려면 70은 되어야 가능하다.

본인들도 60세부터 65세를 노인이라 생각하지 않는다. 공짜라니까 노인행세는 하지만 진짜 노인은 아니라고 중얼거리며 다닌다.

이제부터라도 노인 나이 기준을 실제 국민 의식에 맞게 조정할 필요가 있다.

보건복지부 조사에 의하면 노인 나이 기준을 70세 이상으로 해야 한다는 응답자가 78.3%(2018년 기준)나 된다고 한다. 노인 나이 기준을 70세 이상으로 조정한다면 기초연금 연간예산 10조 원이 절감되고 노인용양보험 3조 원이 절약된다는 통계도 있다.

옛날엔 나이 많이 먹은 것이 자랑이었지만 지금은 나이를 줄여 말하고 싶고 나이 공개를 꺼리는 세상이 되었다. 올해부터 출생과 동시에 먹는 나이를 만으로 통일하였다. 나이 젊어 보이고 싶어 하는 국민의 여망이 반영된 것으로 생각하면 좋을 것이다. 70 이상의 노인들도 실제 나이는 많이 먹었어도 스스로의 생각은 아직 60대로 생각하고 일할 능력도 있는데 써주지 않는다고 불만을 터뜨리는 사람이 많은데 왜 국가나 자치단체가 앞장서서 노인 나이를 65세로 못 박고 각종 혜택을 주려 하는지 이해가 되지 않는다.

늦었지만 국가가 먼저 나서서 노인의 표준을 상향(70세) 조정하고 정년도 70세로 연장해주면 노인들도 신바람이 나고 근로의욕이 살아나 새로운 사업을 시작하거나 농촌에 내려가 농사일을 해보려는 노인도 많이 늘어날 것이다.

국가는 없는 예산 짜느라 고심하지 않아도 되고, 할 일 없이 세월 보내야 하던 노인들은 새로운 일거리를 찾는 계기가 될 것이다.

기업체에서 노인 채용을 기피하는 이유는 높게 책정한 최저임금과 안전사고 발생 시 보상 문제 등 부담스러운 것이 많기 때문이다. 힘든 일 못 하고 판단력이 떨어지지만, 근로의욕이 있는 노인을 채용하는 기업에는 최저임금적용을 완화하고 단순 사고 발생 시 불이익을 주지 않는 등의 지원책을 제공한다면 노인 취업률이 크게 높아질 것이다.

(23년 02월 09일)

고통은 잠시 지나가지만
아름다움은 오랫동안 남는다.
(화가 르누아르)

규제 줄이면 살아난다

잡초의 근성과 유사한 것이 전국에 산재한 약 500만 개의 자영업과 영세소기업들이다. 이들은 모두 하청에 하청으로 이어지는 먹이사슬의 맨 끝에 붙어살아가는 힘없고 희망 없는 기업들이다. 하루하루 직접 일을 하여 자기 임금 벌기도 힘에 부친다. 가족들의 무보수 지원이 없다면 이들은 속절없이 사라질 수밖에 없다. 자영업과 소기업을 살리겠다는 정부의 의지는 대단하나 말단 공직자들의 원칙 고수에 정부의 의지도 먹혀들어 가지 못하고 있다. 그래서 나오는 말이 규제개혁이다.

대통령 이하 장관들이 1년 내내 외쳐 봐도 줄어든 규제는 별로 없다. 새로운 규제가 없어지는 규제보다 많기 때문이다. 규제의 원흉이 지자체의 조례임을 아는 사람은 많지 않다. 규제를 없애려면 조례를 대폭 손질하고 소기업 지원 부서를 의무적으로 설치하여 규제 줄이고 지원 늘린 실적 따라 승진과 업무 부서를 재배치하는 특단의 조치가 필요하다. 말로만 하는 형식적인 규제개혁 끝내고 실효성 있는 역발상 규제(누더기 규제 모두 없애고 0에서부터 꼭 필요한 규제만 새로 시작하는)가 필요하다.

잡초가 농약 살포 줄이면 잘 자라듯 소기업, 자영업도 규제 없으면 살아남을 수 있다.

2023년엔 아예 규제를 「0」으로 만들고 꼭 필요한 규제를 하나씩 새로 시작하는 해가 되었으면 좋겠다.

중소기업이 살아남을 수 있는 대책을 열거한다면

① 과다한 인증수수료를 줄여야 한다. 제품생산부터 단계별로 인증을 받아야 출고가 가능하고 매년 정기 검사도 받아야 하는 등 과도한 비용으로 기업을 운영할 수 없을 정도다.

② 최저임금을 3년 정도 유예하여 본인의 희망대로 저임금 근로자를 채용할 수 있어야 한다.

③ 고용보험 수급(가짜 수급자, 초단기 이직자 등)자의 엄격한 관리가 필요하다.

④ 국내 인력을 구할 수 없다. 해외인력을 활용하되 내국인 임금과 20% 정도의 차별화가 필요하다.

⑤ 일자리 못 구한 극빈층을 위한 노점상 거리(자치단체별)를 한시적으로 열어 생계를 위협받는 이들이 없도록 하는 방안도 필요하다.

(23년 02월 02일)

나는 삶이 축복이라 생각하고,
그것을 낭비하면 안 된다고 생각해요.
미래에 어떤 일이 일어날지 모르잖아요.
삶을 있는 그대로 받아들일 줄도 알아야죠.

(영화 타이타닉 중...)

기업은 빨리빨리 정신, 검경판사들은 만만디 정신

'빨리빨리'는 노동을 제공할 때는 근로자들이 제일 싫어(?)하는 구호이지만 받을 때는 제일 좋아하는 구호이기도 하다.

필자는 30여 년간 이들을 상대로 '일 빨리 운동(초 관리 운동)'을 펼쳐왔다.

직원을 상대로 하는 운동이라서 외부에 널리 확산하지는 않는다.

'일 빨리 운동'의 핵심은 ①뺄 것 빼라. ②시행착오 있을 수 있다. (실수 두려워하지 마라.) ③실수 공개하면 상 준다. ④본(가다)을 사용하라. ⑤시작부터 하라. (시작이 반이다.) ⑥동시 진행하라. (한 가지씩 마치지 마라.) ⑦급한 것부터 하라. ⑧큰 것부터 하라. ⑨공정 복잡한 것 먼저 시작하라. ⑩꼭 평가하라. (자기진단) 등 수십 가지 방법을 반복적으로 제시하면서 제도화하는 것이다.

30년간 실시하고 있지만, 특별히 내세울 만큼 달라진 것은 없지만 40년 이상 장수할 수 있었다.

근로자들은 대충 대충하거나 편법을 써서 빨리 해치우고 현장을 벗어나려 한다.

원칙 지키는 것을 아주 싫어한다. 적당한 당근이 필요하다. 필자가 경영하는 회사에는 30가지의 당근이 있다.

많은 사람이 빨리하면 사고 난다, 빨리하면 부실하다고 하는 것은 자기방어 수단이기도 하다. 일의 잘잘못을 가리기 위해 경찰과 검찰이 있고 최종적으로 확정 짓는 판사가 있다. 이들은 빨리빨리 정신에 반하는 만만디 정신이다. 한 사건이 결정 나는데 수년에서 수십 년씩 걸린다. 기업가들이 보기엔 가장 태만하고 국민의 답답한 마음을 즐기기라도 하는 듯하다.

빨리빨리는 고도의 기술, 기능, 시스템이 있을 때만 가능하다.

팽이는 쳐야 돌듯이 현장에서 일하는 이들은 팽이와 유사하게 행동하는 습성이 있다. 그래서 같은 일을 반복하면서도 발전이 없고 상대방을 고려하지 않는 자만에 빠지기도 한다.

잘되는 방법, 빠른 방법을 알면서도 습관을 고치려 하지 않는다.

집중적으로 강조하고, 다그치고, 확인하면 잘되다가도 관리를 조금만 소홀히 하면 원상태로 돌아가기 일쑤다. 정확하고 빨리 처리하는 일은 기업이 가장 앞서고 공직자 특히 검, 경, 판사들의 늑장 행정은 국민을 고통스럽게 한다.

'일 빨리'는 개인에게도 성공조건이고 기업에도 성공조건이다.

그러나 도루묵 현상 때문에 지속하기가 힘들고 거부 세력이 확산하면 실패할 수밖에 없는 운동이다. 거부 세력의 확산을 막고 제도화하여 정착하려면 걸맞은 당근과 질책이 필요하다.

만만디 정신으로 일하는 이들에게도 명목을 붙여 빨라지면 빨라진 만큼의 대가를 지불한다면 바뀔 수 있을 것이다.

(23년 01월 26일)

되찾을 수 없는 게 세월이니
시시한 일에 시간을 낭비하지 말고
순간순간을 후회 없이 잘 살아야 한다.

—루소

마지막 변신은 국회의원이다

수천 년 동안 조상 대대로 살아온 초가집이 박정희 대통령 시대 슬레이트, 집으로 변신했다. 슬레이트집은 기와집으로 변신을 거듭하며 마침내 50층 고층 아파트가 하늘 높이 올라가고 있다.

경제개발이 시작되면서 도시로 밀려 들어오는 인구를 감당할 수 없게 되었기 때문이다. 인구의 도시집중으로 생겨난 새로운 주거 형태는 변신을 계속하고 있다. 지금은 대도시는 물론 중소도시와 농촌에까지 아파트가 보급되어 세계인이 놀라는 초고층 아파트 단지로 변신하였다. 변신에 변신을 거듭한 주거시설이 앞으론 스마트시티가 된다고 하니 국토의 무한변신은 주거시설이 주도하고 있다고 할 수 있다. 소달구지나 겨우 지나던 오솔길이 신작로(넓은 비포장도로)가 되고 5.16 후 첫 작품인 경부고속도로가 생긴 후 도로의 변신은 계속되어 전국을 고속도로망으로 변신시켰다. 지금은 도로가 칼라로 변신하여 진·출입을 편하게 하고 있다. 진출입로를 연두색, 주황색, 파란색 등으로 이용자가 쉽게 진입, 출입할 수 있도록 했다. 집은 없어도 자동차는 있어야 움직일 수 있는 시대가 되었다. 도로마다 자동차가 가득하여 움직임이 느려지면서 플라잉카(날아다니는 자동차) 시대를 준비하고 있다.

풀과 나뭇가지를 때어 밥 짓고 난방도 하던 시대가 1960년대부터 연탄으로 바뀌고 연탄아궁이에서 석유보일러로 석유에서 전기로 난방 수단의 변신은 70%가 산지인 우리나라를 녹색 숲으로 변신시켰다.

통신은 어떤가―미투리(짚신) 신고 전국을 걸어서 이동하던 시대에 살던 사람들이 전보 시대를 거쳐 백색전화와 청색전화로 소식을 전하던 것이 엊그제 같았는데 온 국민이 핸드폰으로 문자도 보내고 게임도 하고, 주식과 가상화폐도 사고팔고 송금까지 하는 변신이 계속되고 있다. 앞으로는 원격 검진까지 핸드폰이 담당할 것이다. 로봇도 현실이 되고 있다. 로봇청소, 로봇배달은 이미 시작됐고 로봇 경비에 이은 로봇 전쟁도 가능해질 것이다.

한국의 젊은이들은 세계를 변신시키고 있다. 변화가 가장 늦은 분야는 정치권이다. 꼿꼿하게 목에 힘주며 유권자 위에 군림하던 국회의원들이 국민께 머리 조아리며 대변신을 약속하지 않으면 살아남을 수 없는 시대가 되고 있다. 대한민국의 마지막 변신이며 완전한 선진국으로 진입하는 계기가 되었으면 좋겠다.

(2023년 01월 19일)

1년 전 당신의 고민은 ?
2년 전, 10년 전 고민은?
기억이 나는가?
고민은 문제해결로 부분적 해소되기도 하나
거의 모든 고민은 시간과 함께 소멸된다.

(김희연 발견은 기쁨 중)

살아남을 건 1인 기업뿐

배움이 부족했던 어른들에게 가장 큰 희망은 하나둘밖에 없는 자녀가 좋은 대학에 입학하는 일이다. 금년도 합격자가 일부 발표되고 있다. 서울·경기지역은 경쟁력이 높아 조마조마하고 지방대는 미달사태로 갈까 말까 고민에 빠져있다. 그러나 대학을 나와도 취직자리가 없다. 신정부의 핵심 정책은 경제를 살려 일자리 만드는 일이다. 그런데 고급일자리는 기계가 점령해버렸다. 고학력 인재들이 갈 곳은 없고 궂은 일자리는 모두 기피하고 있다. 그러니 일자리 늘리기는 쉽지 않다.

전 정권도 일자리 늘리기에 집중했지만 눈에 띄는 일자리 증가는 없었다.

현 정부의 일자리정책도 결과적으로 구호로 끝날 수 있다. 기업은 이미 구조조정(근로자 줄이기)을 완성하고 있다. 구조

조정만이 살아남을 유일한 길이기 때문이다. 기업은 정부 정책보다 앞서가는 기민성을 발휘해야 살아남을 수 있기 때문이다.

모두가 선호하는 일자리는 눈에 띄게 줄어들고 있다.

① 매일 드나드는 주유소는 모두 셀프로 전환하고 있다.

② 고속도로는 이미 하이패스 차로가 70%를 넘어섰다. 그 많던 수납 요원들은 찾아볼 수가 없게 되었다.

③ 회사마다 무인경비시스템을 갖추고 생산시설도 자동화하고 있는 실정이다. 백화점도 무인 수납체제로 바뀌고 있다.

④ 공장은 자동화 기계로, 현장은 중장비로, 택배도 드론으로 대체될 것이다.

⑤ 먼 장래이지만 휴전선 경계는 로봇으로, 전투도 로봇이 대행하게 될 것이다. 전쟁이 한창인 러시아와 우크라이나는 드론 전쟁을 하고 있다.

⑥ 농기계 없이는 농사도 지을 수 없는 세상으로 바뀌었다.

⑦ 도로를 달리는 차에 운전자가 없는 자율주행 시대가 곧 올 것이다.

눈에 띄는 것들만 열거해 보았지만, 눈에 보이지 않는 모든 곳에서도 사람을 덜 쓰는 구조로 바뀌고 있다. 그러니 정부의 일자리정책이 실현 불가능한 헛구호로 볼 수밖에 없다.

그래도 틈새시장은 있다. 힘든 일, 더러운 일(작업복 입고 땀 흘리는) 잔손이 많이 가는 일들은 무인화나 기계화가 불가능하다. 젊은이들이 가고 싶어 하는 좋은 회사는 자동화, 무인화로 바뀌고 젊은이들이 싫어하는 일자리는 외국인들이 차지하고 있었으나 지금은 그들마저 구하기 힘들어 주인 혼자 모든 일을 하고 있다. 앞으로 일인기업만이 명맥을 이어갈 것이다. 사원 없는 회사 어쩔 수 없이 혼자서 모든 일을 해결해야 하는 나 홀로 사업만 계속 살아남을 것이다. 100세까지 살 수 있는 장수 시대에 지금 당장 힘들고 전망이 없다 해도 10년 후를 내다보고 선택해야 하고 80세까지도 할 수 있는 일을 찾는 노력이 필요하다. 공무원 시험은 점점 더 치열해지고 대기업 취직도 더 힘들 것이다. 올해엔 은행마저도 희망퇴직을 받고 있다. 점포도 대폭 줄이고 있으니 어른들은 은행가기가 더욱 힘들어지게 되었다. 홀로 사업을 계획해 보거나 저개발국가로 나가는 길을 찾아보는 것도 미래를 위한 설계가 될 것이다.

(2023년 01월 12일)

갈라진 국민 이대로 놔둬야 하나

조선 500년 내내 파당을 지어 상대방을 헐뜯고 비리를 파헤쳐 매장시키는 당파싸움이 계속되었다. 그래도 백성들은 그들에 휩쓸리지 않고 나라를 위해 충성을 다 바쳤다. 지금 우리 사회의 현상은 사뭇 다르다. 진보와 보수로 나뉘어 극한투쟁을 하는데 호남인들과 영남인 들도 진보와 보수로 그들의 대열에 합세하여 국민이 두 동강이 되었다.

500년 당파싸움보다 더 악화한 현 사태를 그대로 두고 뒤에서 응원하면서 즐길 때가 아니다. 정계 원로들과 교육계 및 사회 원로들이 나서야 한다. 전 정권에서 고위직을 지낸 정계 원로의 쓴 소소한 이야기가 보수신문에 대서특필 된 것을 보고 실낱같은 희망이 보였다. 작은 목소리 하나하나가 늘어나면서 큰 변화가 일어날 수 있다. 필자는 "우리나라엔 왜 만델라가 없을까?"라는 칼럼을 여러 차례 썼다. 지금과 같은 분열 사회가 고착된다면 만델라가 나올 수 없음을 실감하고 있다.

만델라가 나오려면 사회가 먼저 변하기 시작해야 가능하다고 생각한다. 보수와 진보로 나눠 싸우는 싸움판에 뛰어들어 쓴소리를 쏟아 내야 한다.

방송사마다 극단적 패널들이 매일 열띤 토론을 하고 있다. 방송사는 극단적 패널이 아닌 중립적 패널로 교체시켜야 한다.

나라가 잘못될 때 백성들이 나서야 하지만 힘없는 백성이 나서서 변화를 이끌 수는 없다. 언론과 교육계, 종교 지도자들이 나서지 않으면 이 싸움은 계속될 것이다.

늦었지만 각계 원로들이 나서야 한다. ① 방송사가 앞장선다면 의외로 빨리 변화를 이끌 것이다. ② 선거제도도 바꿔야 한다. 한 선거구에서 2~3명이 나올 수 있는 중대선거구제도로 바꾸면 극한 대립이 줄어들 수 있다. ③ 현행 비례대표도 바꿔야 한다. 교육계, 문화계, 체육계, 농민단체 등에서 국회에 진출하는 직능대표제가 필요하다. ④ 남북한 간 대결 구도도 완화되어야 한다. 이산가족 상봉, 경평축구대회, 노래자랑 등 실천 가능한 분야에서 꾸준히 왔다 갔다 하면 대결보다는 대화가 필요함을 양 국민이 공감하게 될 것이다.

과거의 폐단도 잘 개선하면 사회를 아름답게, 세상을 풍요롭게 바꿀 수 있다. 600년 이상 죽고 죽이는 이념싸움을 단절시킬 수 있는 길은 보복보다 양보와 제도 개선으로 적을 만들지 않는 길이다.

　　대한민국에도 만델라와 같은 지도자가 나타날 수 있도록 사회원로들이 나서야 한다.

(23년 01월 05일)

해야한다면 즉시 하라.
이것은 성공의 조건이다.
미루는 습관을 고치는 방법은
일이 있는 그때 즉시 하는 것이다.

(수춘리)

역발상 2023 (대수술하고 잘 회복하는 해)

2022년 정권교체 후 대수술이 시작되었다. 첫째 : 우크라이나 전쟁으로 시작된 전 세계 경기 침체 속에서도 기업 발목을 잡고 목덜미 쥐고 흔들어 대던 노조의 대수술이 시작되었다. 바닥을 기고 있던 대통령의 지지율도 급상승하고 있다.

노조의 수술은 온 국민이 바라고 있던 가장 급한 수술이었음을 확인하는 정책이라 할 수 있다. 둘째 : 국가로부터 보조금을 받고 또 자치단체를 윽박지르며 받아낸 보조금이 어떻게 쓰이는지 알지 못했다.

그들 중 일부는 국가정책과 배치되는 일을 하고 있는 경우도 있었다. 이 단체들의 투명하지 않은 회계를 살펴보는 2차 수술도 성공하기를 바란다. 본연의 업무를 이탈했던 일부 시민단체도 국가 경제와 국민 안전을 위한 봉사활동으로 전환해야 한다.

셋째 : 빌라 왕 같은 서민을 등치는 투기 세력과 사기꾼들을 척결하는 수술도 급하다.

2023년도 역발상으로 세상을 돌파해야 한다. 혹독한 한파 속에서도 희망의 끈을 꼭 잡고 버텨야 한다. 앞을 내다보는 소기업 경영자나 자영업자들은 이미 회사 규모를 줄이고 종업원 수도 대폭 줄이며 허리띠를 졸라맬 대로 졸라매고 있다. 2023년엔 더 이상 허리띠를 졸라맬 수도 없고 종업원을 더 이상 줄일 수도 없는 상황이다. 철밥통 공무원 사회도 구조조정에 들어갔다.

장밋빛 전망보다는 우선 살아남아야 하는 절박한 상황이다. 이 고비를 잘 넘긴다면 2023년엔 코로나 정국에서 벗어날 수 있을 것이다. 위기의 경제 속에서도 자기들 이권만 챙기는 정치인들 말만 믿고 좋은 날 오길 기다려선 안 된다. 스스로 일거리 찾고 절약을 생활화하며 새해를 맞이해야 한다.

실수가 두려워 새로운 도전을 시도하지 않는 사람이 많다. 에디슨은 실패를 가장 많이 한 사람이다. 수많은 실패를 통해 성공한 대표적 인물이다. 현재의 어려운 환경을 탓하지 말고 죽이 되든 밥이 되든 끝까지 해봐야 한다. 실패(시행착오)가 무서워서 시작도 못 하고 하던 일도 때려치우고 집에 틀어박

혀 쓴 소주 마시며 세상 한탄만 한다면 세상도 나를 버릴 것이다.

2023년은 암울한 한해가 아니고 성공할 수 있는 가장 좋은 해로 생각하자.

(22년 12월 29일)

고통은 인간을 생각하게 만들고,
사고는 인간을 현명하게 만든다.
지혜는 인생을 견딜 만한 것으로 만든다.

(J 페트릭)

95% 확인으로 사고 줄여야

세월호 참사는 오랫동안 국민 모두를 고통스럽게 했다. 이제 겨우 잊고 살아가고 있었는데 이제는 서울 한복판에서 대형 참사가 벌어졌다.

국민이 모두 내 일처럼 가슴 아픈 대형 참사! 알고 보면 무리한 진행, 서류 중심 점검, 허술한 관리 감독, 미숙한 운용 등 안전을 무시한 진행과 본인을 비롯한 실무자들의 책임 떠넘기기 직업의식 때문이다. 그런데 이번 참사는 실무자들의 현장 대응 자체가 없었다. 처참하게 처형된 서해 해수부 직원은 탈북의 프레임(?)을 쓴 채 시신도 찾을 수 없었다. 음주운전 차량에 받쳐 사망했거나 병원에서 치료 중인 운전자들 그들은 대부분 안전 수칙을 지키며 운전한 모범운전자들이었기에 더 억울할 수밖에 없다. 매일 발생하는 크고 작은 사고로 병상에서 고통스럽게 살아가는 사람들과 「가족들의 억울증」 예기치 않은 각종 사고를 아주 막을 순 없지만 줄일 순 있는데, 줄지 않는 이유가 곧 안전 불감증이고 관리 부실이다.

중대재해법이 시행되고 있는 지금도 매일 일어나는 각종 사망사고가 안일한 생각으로 일하다 발생하는 경우가 많았다. 안전 불감증 뒤엔 늘 억울증이 따른다. 매일 발생하는 사고가 모두 사주나 정부의 책임으로 돌리는 한 사고는 줄지 않는다. 사고가 줄지 않는 것은 근로자 의식에도 문제가 있기 때문이다.

우리나라는 작업장의 조직부터 정부의 거대 조직까지 각종 매뉴얼은 잘 짜여 있고 처벌하는 강력한(중대재해법 등) 법도 있지만 사고는 줄지 않는다.

현장을 무시하고 책상머리에 앉아 만든 방대한 계획서에 책상머리에서 서류로 기록한 결과처리까지 실제 행하지도 않고, 확인도 하지 않고 서류상으로만 완벽한 것으로 기록하고 결재하는 서류 제일주의가 지속되는 한 사고는 앞으로도 지속 발생할 것이다. 각종 사고로 다치거나 죽은 자 그로 인해 고통받는 가족들은 억울증에 걸려 평생 고통받으며 살아가고 있다.

강력한 제재보다 실천 가능한 계획과 제도가 필요하고 계획에 대한 실천 과정을 꼼꼼히 챙겨보는 95% 확인 정신이 절실하다. 모든 분야에서 개혁보다는 개선이 선행되어야 하고 사건이 일어날 때마다 관리부실과 도의적 책임이 있는 최고책임자만 처벌하는 것으로 끝나면 사고는 계속 일어날 것이다.

법적 책임을 묻는 것도 중요하지만 실무자가 먼저 안전 수칙을 지키고 내 생명은 내가 지킨다는 정신이 필요하다. 공직자들의 공평하고, 공정하고 정의로운 직업의식과 국민 모두의 자기관리 수준이 한 단계씩 올라가지 않으면 사고로 인한 가족들의 억울증은 지속될 것이다.

(22년 12월 22일)

실패한 사실이 부끄러운 것이 아니라,
도전하지 못한 비겁함이 더 큰 지욕이다.

(로버트 H 슐러)

남북문제는 이산가족 상봉부터 하나씩 풀어가야

북한의 계속되는 미사일 발사와 핵 개발로 남북관계가 완전 단절상태에 있다. 분단 70년이 지나도록 전쟁으로 헤어진 혈육을 한 번도 만나보지 못하고 세상을 뜬 가족(신고)만 133,600명 중 70,000명이 세상을 떠났다. 아직 살아있으면서 한 번만이라도 만나보기를 고대하고 있는 사람이 65,000명이 넘는데 이들의 나이가 대부분 85세 이상이어서 헤어진 가족 한번 만나보지 못한 한을 품은 채 하루하루 고통을 감내하고 있다. 최장수 방송인으로 전국노래자랑 사회자였던 송해 씨의 평생소원은 고향 한번 가보는 것이었다. 그러나 그는 한을 풀지 못한 채 세상을 떠났다. 정부와 북한당국은 만사 제패하고 이들의 한을 풀어주는 데 주력해야 한다.

북한당국의 지속되는 핵 개발과 미사일개발 때문에 남북 간의 합의에 따라 진행되던 금강산 관광, 개성관광도 중단이 계속되고 있다. 개성공단 중단이 아닌 완전 폐쇄 후 입주기업 대부분은 파산되고 말았다.

북에서 핵을 포기하지 않는 한 남북 간의 대화는 물론 교류도 경협도 못 하는 단절상태는 오래갈 것 같다. 북쪽에서 먼저 군사 회담 등 긴장 상태를 풀어보자는 노력이 있었지만 이마저도 중단 상태가 지속되고 있다. 매일 이산의 한을 품은 채 세상을 떠나야 하는 이산가족의 상봉만큼은 핵 포기보다 우선으로 해결해야 한다. 2023년에는 가장 많은 이산가족이 한 번이라도 만나볼 수 있도록 정부가 나서서 북을 설득하여야 한다. 이산가족 상봉마저 핵 포기와 연계시키는 방법을 써서는 안 된다.

이것저것 조건 달아 지연시키지 말고 단 한 번이라도 혈육의 정을 나눌 수 있는 자리를 만드는데 정부 당국과 북한의 적극적 노력이 필요하다.

(22년 12월 15일)

큰 그림 그리는 지도자와 정당으로 변신해야

몽골 칭기즈 칸이나 프랑스 나폴레옹은 당대의 영웅이었지만 국민의 이익보다는 손해를 끼친 지도자이어서 치적으로 평가할 수 없다.

근대 우리나라를 통치한 역대 대통령 중 박정희 대통령의 중화학공업, 경부고속도로 등의 사업으로 세계 최빈국 대한민국을 세계 10대 강국의 기틀을 만든 위대한 치적을 만든 대통령으로 기억할 수 있다. 미국에 있는 큰 바위 얼굴처럼 박정희가 지켜보는 큰 산에 큰 바위 얼굴을 조각하는 것도 생각해 볼 필요가 있다.

역대 대통령의 치적은 잘 기억되거나 국민 생활에 이바지한 실적이 없으니 치적으로 평가할 수 없지만, 이명박 대통령의 4대강 사업은 찬반 논쟁이 아직 지속되고 있지만 먼 훗날 작은 치적으로 평가될 수도 있을 것이다.

대통령에 취임하면 5년 후 퇴임 때 그 이름을 기념비에 남길 치적 만들기를 시작해야 한다. 국민 다수의 제안이나 공약을 발표하고 퇴임 시 치적으로 나타날 수 있는 일을 하도록 하는 관행을 만든다면 각 부 장관도 단체장도 회사대표는 물론 가장들까지 자기 치적 만들기에 관심 두고 실천하며 살아가는 훌륭한 전통으로 정착될 것이다. 그런 의미에서 족보를 확정하는 정책도 필요하다. 정부와 집권 정당은 야당을 설득하면서 후대에 남길만한 일을 해야 한다. 그런 사업을 그려보면

① 육지와 제주도를 잇는 해저터널 구상

② 중국 산둥반도를 잇는 구상

③ 부산 거제도와 대마도를 잇는 구상

④ 바다 위에 떠 있는 해상도시 구상

⑤ 산과 산을 연결하는 고속도로(백두대간 연결 고속도로) 등 큰 구상을 하고 실현시키려는 노력이 필요하다.

세계인들이 놀라고 있는 K팝, K푸드, K전투기, K원전사업을 적극적으로 확대하고 기업과 정부가 하나 되어 세계로 나가야 한다. 세계시장을 점령하는 사업에 여야가 따로 있을 수 없도록 사회 분위기를 확 바꿔야 한다.

언론의 역할도 필요하다.

여야 간의 싸움만 부추기는 보도는 자제하고 언론기관이 앞
장서서 큰 그림 그리도록 지원하는 것도 바람직한 방법이다.
사사건건 트집만 잡는 정당과 정치인이 발붙이지 못하도록 유
권자의 대변신도 필요하다.

(22년 12월 08일)

꽃에 향기가 있듯 사람에겐 품격이 있다.
그런데 꽃이 싱싱할 때
향기가 신선하듯이 사람도 마음이 맑을 때
품격이 고상하게 느껴진다

(셰익스피어)

시민단체와 유튜브 활동의 자제가 필요하다

통계조차 낼 수 없을 만큼 많은 시민단체가 우후죽순처럼 늘어나고 있다. 수십만 명의 유튜버들이 자기도 언론사라며 돈벌이와 불법을 저지르는 일도 벌어지고 있다.

그 결과 시민단체와 유튜버의 순기능보다 역기능이 점점 증가하고 있어 또 하나의 사회 문제가 되고 있다.

어떤 분야든 그 행동이 지나치면 화가 되고, 적절하면 득이 되는 것이 세상의 이치이다.

스스로 자제해야 하지만 이미 자제력을 상실한 상태다. 제도개혁이나 국가 권력이 개입해서라도 정상적으로 운영되도록 해야 한다.

국민생활안정과 국가이익을 위해서 국가와 자치단체가 나서야 한다.

이대로 방치한다면 모든 국민에게 피해가 갈 수 있기 때문이다.

시민단체의 구성은 자기 직장에 충실한 구성원으로 이루어져야 단체의 활동이 건전하고 지역 발전에 이바지할 수 있음에도 직업이 없는 사람들이 직업 삼아 참여하는 경향이 있다. 유튜브 또한 같다.

진심으로 정열적으로 사회와 국가의 발전을 위해 봉사 정신을 발휘하는 사람이 전혀 없는 것은 아니지만 작금의 행태들은 집단 이기주의에 편승하여 이권 운동을 하거나 정쟁에 편승할 수도 있다. 시민단체 본연의 활동이나 임무를 폄하할 생각은 없다.

언론단체처럼 활동하는 유튜버와 시민단체의 자성과 참여자들의 올바른 목적의식과 정화 노력이 필요하다.

이들의 노력이 없다면 정상화 대책이 필요할 것이다.

(22년 12월 01일)

대통령 괴롭히지 않기

일반적으로 실수를 하지 않는 사람은 유능한 사람이라고 생각한다. 실수를 많이 하는 사람은 무능한 사람 취급을 받는다. 그래서 모든 사람은 실수하지 않으려 노력하지만, 실수하지 않는 사람은 없다.

실수를 감추거나 거짓말로 이익을 보려는 생각은 누구에게나 있지만 지난 후에 발각되어 창피를 당하거나 처벌을 받지 않으려고 감추게 된다.

필자가 경영하는 회사에는 「시행착오 있을 수 있다.」라는 구호를 30여 년 달아 놓았다. 실수를 빨리 스스로 공개하면 제재를 하는 것이 아니라 역으로 칭찬을 하거나 상을 주어 같은 실수(잘못)가 되풀이되지 않도록 유도하는 것이다.

정치를 하는 사람이나 공적인 업무를 담당하는 공직자들도 정책이나 사적인 실수를 많이 한다. 그들도 처벌을 받지 않으려고 변명을 하고 수단·방법을 모두 동원하여 묻어 버리려 한다. 그러니 항상 세상은 시끄럽기만 하다. 지금의 혼란 상황도 문제를 덮으려는 세력과 파헤치려는 세력이 격렬하게 다투고 있기 때문이다.

정치인들은 수백 년 동안 당쟁을 했다. 지금도 당쟁은 계속되고 있다. 근본 원인은 잘못을 인정하려 하지 않고 부정을 덮으려 했기 때문이다. 이런 현실은 법을 만드는 사람들에게 더욱 심하다. 실수를 인정하는 사람을 칭찬하고 불이익을 최소화하는 풍토를 만들어야 한다. 「실수인정법」도 만들면 좋겠다.

전직 대통령 중 4분이 퇴임 후 감옥에 가고 한 분은 조사 중 생을 포기하는 비극적 현상이 지속되는 나라가 우리나라이다. 대통령은 신이 아니다. 그러니 대통령도 정책실수를 하거나 개인적인 실수를 덮기 위해 더 많은 잘못을 하게 된다. 더 이상 대통령을 괴롭히지 않는 국가가 되어야 한다.

차제에 전직 대통령에 대한 예우법을 만들어서 국가의 안위를 위협하는 중대 범죄가 아니면 처벌을 면제해주는 법이 필요하다.

대통령에겐 각종 범죄자를 사면해 주는 특별한 권한이 있다. 전직 대통령을 사면하는 권리는 오직 현직 대통령에게만 있다. 현재 감옥에 갇혀 있는 전직 대통령을 특별사면을 시행하여 주면 좋겠다.

더 이상 대통령을 하면 감옥에 가야 하는 나라가 되지 않도록 법을 만들어 주길 바란다. 단순한 법률위반이나 민간끼리의 다툼으로 옥살이를 해야 하는 단순범죄자에 대한 처벌도 대폭 완화하여 감옥에 가지 않고 벌금을 내거나 자원봉사를 하도록 한다면 그 지도자가 최고 존경받는 통치자가 될 것이다.

(22년 11월 24일)

우연처럼 보여도 우연이 아니다.
그것은 당신이 손수 엮은 패턴들이 움직인 결과이다.

(클로드 브리스톨)

반대로 해서 좋을 때가 있다

예부터 구전으로 전해지는 청개구리 이야기가 있다. 어린 청개구리가 반대로만 하니까 죽음을 직감한 어른 청개구리가 자식 청개구리에게 유언하였다. '내가 죽으면 앞 냇가에 묻어 다오.' 어미 청개구리는 반대로만 행동하는 자식이 냇가에 묻으라 하면 양지바른 언덕에 묻어줄 줄 알고 한 말이다. 그러나 그 아이는 어미 시체를 냇가에 묻으면서 부모님의 말씀에는 다른 뜻이 있을 것이니 이번에는 그 뜻에 반대되는 행동을 하겠다는 것이다.

반항기 아이들이 반대하기를 좋아하는 것은 구속되기를 싫어하기 때문이다. 보통 사람들은 지시대로, 법대로, 관행대로 하려고 한다. 모든 사람이 하는 행동이나, 가는 방향대로 가다 보면 큰 문제는 없지만 내게 특별한 이득이 없다는 것을 알게 된다. 그래서 일부 사람들은 보통 사람들과 반대로 해보려고 한다. 반대로 할 때 큰 이익을 보거나 쉽게 그곳에서 벗어날 때가 많다.

매일 주식이 오르면 너도나도 주식을 사려고 달려든다. 그때 산 사람들은 며칠 못 가서 폭락하는 바람에 큰 손실을 보게 된다. 최근 많은 투자자가 코인에 투자했다가 코인이 폭락하는 바람에 큰 손실을 보고 있다. 대중이 몰리는 곳에 같이 따라갔다가 손해 보는 경우이다. 아파트값이 천정부지로 오를 때 너도나도 은행에서 대출받아 아파트를 샀다. 더 오를 줄 알고 샀던 APT값이 폭락하며 팔지도 못하고 이자만 계속 올라 이러지도 저러지도 못하고 있다.

오르고 내리는 주기는 사안에 따라 다르다. 변동주기가 비교적 짧은 코인이나 주식은 6개월 이내에 오름세가 내림세로, 내림세가 오름세로 변할 때가 많다.

오르고 내리는 주기도 살피고 고점이 어디인지 자주 체크하면서 투자해야 큰 손실을 면할 수 있다. 많은 사람이 하는 대로 따라 하는 것이 안전할 수는 있으나 때로는 그들과 반대로 하는 것이 이로울 수 있음을 생각하며 실행에 옮겨야 한다. 산이 높으면 골도 깊고, 낮이 있으면 밤이 있고, 폭염이 지나면 혹한이 온다. 밀짚모자는 겨울에 사라는 증시 격언이 있음도 기억할 필요가 있다.

그러나 대다수 사람은 오를 때 따라 사고 내릴 때 따라 파는 행동을 하게 된다. 일반인들의 행동과 반대로 하는 일이 쉬운 일은 아니다. 그래도 가끔은 대중과 반대로 하는 청개구리가 하는 방법을 써볼 필요가 있다.

(22년 11월 18일)

인생에서 영원한 행복과 불행은 없다.
계속되는 불행에 굳건히 참고 견디든지,
용기를 내어 쫓아버리든지
둘 중 하나를 택해야 한다.

(로맹 롤랑)

실개천 경제

비가 내리면 땅에 스며들고 남은 빗물이 실개천으로 흘러들고 실개천이 모여 소하천이 되고 소하천이 모이면 강이 된다. 실개천과 소하천에 물이 마르지 않으면 가뭄에도 주변 농토에 물 공급을 할 수 있어 안전적으로 농사를 지을 수 있다.

전 국토에 실핏줄처럼 뻗어있는 실개천과 소하천에 물고기가 사라진 지 꽤 오래됐다.

물은 없고 잡초만 무성하다. 항상 물이 흘러야 할 곳에 잡초가 무성할 뿐 악취마저 진동하고 있는 곳도 허다하다. 비가 쏟아지면 토사가 쌓이고 흙탕물이 순식간에 넘쳐 논, 밭은 물론 도로를 덮쳐 버린다. 이런 하천을 청정 천이라 한다.

지방자치 단체는 겨울철 비수기에 노는 장비를 활용하여 하천 준설을 해야 한다.

실개천과 소하천은 자치단체에서 관리하고 있다. 자치단체마다 장비가 남아돌 때 개천을 준설하는 활용방안을 세워야 한다.

개천을 준설하여 물이 흐르면 물고기들이 다시 자라게 될 것이다.

주변에 물놀이장도 만들고 흐르는 물을 인근 논으로 끌어들여 양식장을 만들 수도 있다.

겨울엔 얼음판이 되어 스케이트장이나 얼음지치기(썰매 타기) 놀이를 할 수 있다.

개천을 준설한 토사를 이용하여 둑을 넓히고 포장하면 도로가 되는데 개천 일부에 콘크리트 축대를 세우고 개천 둑을 포장하면 2차선 도로도 될 수 있어 일거양득이 되는 셈이다.

큰 강둑을 넓히면 왕복 4차선 도로가 생길 수 있다.

개천을 잘 활용하면 경제발전에 큰 도움이 된다.

전국의 강과 소하천 그리고 실개천을 원상태로 복원하는 일은 4대강 못지않은 대규모 물 관리 사업이다.

실개천 살리기 운동은 제2의 새마을 운동이 되고 우리 경제의 원동력이 되어 한국은 또 한 번 세계의 이목을 집중시키고 수백만 관광객이 전국 방방곡곡을 찾는 날이 올 것이다.

우리는 다른 선진국에 비해 자연을 관광 사업에 활용하지 못하고 있다.

고궁이나 위락시설, 화장품, 건강용품 등 단순한 상품만을 관광 자원으로 생각하고 있다.

소하천과 실개천 그리고 산을 잘 활용하면 교통, 관광, 양식, 놀이터 등 다양한 분야에서 경제적 효과가 나타날 수 있다.

실개천 경제가 성공한다면 주민의 소득증대는 물론 관광 수입 또한 폭발적으로 증가 할 수 있는데 그 가치를 모르고 방치하고 있는 것이다.

비만 오면 늘 걱정하는 개천의 범람도 옛날이야기가 되는 때가 빨리 오기를 기대해 본다.

(22년 11월 10일)

인생에 뜻을 세우는데 있어 늦은 때라곤 없다.
- 볼드윈

목적지 없는 나가는 곳 →

거미줄처럼 얽혀있는 도로를 주행하는 데는 정확한 이정표가 필요하다. 특히 초행일 때 더욱 필요한 것이 도로안내판이다. 내비게이션이 없던 시대엔 모든 운전자의 유일한 안내자 역할을 했다. 자주 다니지 않는 곳을 갈 때는 운전자들은 내비게이션을 이용하지만 그래도 곳곳에 있는 이정표는 운전자들에게 없어서는 안 되는 안내자 역할을 하는 도로 표지판인데 고속도로에서 목적지로 나가는 곳에는 목적지 없이「나가는 곳」이란 표지판이 세워져 있다. 최근 새로 생긴 도로엔 목적지 표시가 잘 되어있으나 오래된 고속도로에 목적지 없는「나가는 곳」이 많이 있어 긴장하지 않으면 지나쳐서 먼 길을 돌아다녀야 하는 불편을 겪을 수 있다.

몇 년 전부터 출구(나가는 곳) 수백 미터 전방에서부터 빨강, 파랑, 녹색 등 색을 입혀 운전자들에게 큰 도움이 되고 있다. 중간중간엔 쉼터와 주머니 주차장이 많이 늘어나 운전자들이 잠시 쉬어갈 수 있도록 하는 시설은 참 좋은 정책이다.

도로관리 당국의 새로운 아이디어 개발로 운전자를 배려하는 시설들이 늘어나고 있어 좋다. 오래전에 설치된 목적지 없는 표지판 <나가는 곳?>만 시정된다면 우리나라의 도로 정책은 만점을 받을 수 있을 것이다.

1960년대까지만 해도 포장되지 않은 신작로라는 낙후된 도로를 먼지 풀풀 날리며 덜컹덜컹 달리면서도 불만이 없었다. 지금은 전국의 도로가 모두 포장(콘크리트 포장, 아스팔트 포장)된지 오래고 깊숙한 산골까지 모두 포장되고 있는 나라는 세계에서 우리나라밖에 없을 것이다. 도로 선진국 대한민국에 단 하나 부족한 것이 있다면 목적지 없이 「나가는 곳」이라 표시한 불확실한 표지판뿐일 것이다.

(22년 10월 27일)

칭찬 역발상

「칭찬은 고래도 춤을 추게 한다.」는 말이 있다. 칭찬은 말 못 하는 고래는 물론 개도 쓰다듬어주면 꼬리치며 좋아하고 먼발치에서 주인이 나타나면 달려 나와 비벼대는 것을 보면서 많은 사람이 개(애완견)를 반려동물의 으뜸으로 생각한다. 개를 가족처럼 돌보며 즐거워한다. 요즘 반려동물 산업이 급성 장하고 있는 것은 사람보다 동물이 칭찬에 대한 반응이 높기 때문일 것이다. 주변을 살펴보면 칭찬에 인색한 사람이 너무나 많다. 어린아이들에게 희망과 용기를 주는 것은 질책이 아 닌, 맛있는 음식도 아닌 칭찬이다. 그래서 유아원이나 초등학교 저학년을 담당한 선생님들은 항상 "참 잘했습니다!"라는 칭찬 도장을 가지고 다닌다.

조선 500년부터 지금까지 우리나라 정치는 상대방 헐뜯고 죽이는 데 혈안이 되어있다. 특히 조선 사회에서는 남인, 북인, 노론, 소론 등 파당을 지어 상대방을 비난하고 잘못된 점을 찾아 몰락시키려는 관리들이 많았다. 그런 현상은 지금도 그대로 이어지고 있다. 파당을 지어 상대방을 몰락시키려 하지 말고 상대방의 좋은 점을 찾아 칭찬하고 따라잡아 그들과 같이 잘 사는 사회를 만들어야 한다. 칭찬은 동물도 움직이는데 칭찬으로 사람을 움직이는 것은 식은 죽 먹기일 텐데 사람들은 칭찬에 인색하고 상대방의 약점을 파헤치는 데만 열심이다. 반대로 한번 해보는 것이 초보 역발상이다. 인사, 정치, 경제, 외교 등에서 잘 못 하고 있다는 소리를 많이 듣던 대통령이 비난만 하던 사람이 상을 당하면 조화도 보내고, 문상도 하여 상대를 위로한다. 지도자는 정성을 다하여 호감 가는 정치를 펴서 칭찬받으며 임기를 마치는 지도자가 되었으면 좋을 텐데 과거는 그렇지 못했다. 상대방을 헐뜯고 약점을 찾아 공격하려는 마음을 바꾸어 상대방의 잘하는 것, 좋은 점을 찾아 칭찬한다면 그보다 좋은 정치는 없을 것이다.

(22년 10월 20일)

속아주는 역발상

실무자가 얘기치 않은 실수로 난처한 상황에 빠지게 되면 상사에게 거짓말을 하게 된다. 위기 상황을 벗어나려는 임기응변이다.

거짓말이 상사에게 통하면 그 거짓말은 성공하는 것이다.

거짓이 몇 번 통하면 계속 거짓으로 일관하거나 다시는 실수하지 않으려고 노력하게 된다.

그러나 거짓을 밝혀내어 엄하게 처벌하거나 공개적으로 면박을 주면 반성보다는 반감을 갖고 보복하거나 고의로 더 큰 잘못을 저질러 상사에게 타격을 준다.

실무자의 실수내용을 알면서도 개선의 여지가 있다고 생각되면 일단은 속아주는 것이 역발상 경영이다.

집에서 아이들이 사소한 잘못으로 일을 그르쳤을 때, 사실대로 부모에게 알리고 반성할 때 용서하는 부모가 있다면 그 집 아이들은 거짓말을 하지 않게 되지만 크게 꾸짖거나 매를 때리면 그 아이는 계속 부모를 속이려 든다.

거짓을 모르고 속거나 알고도 의도적으로 속아 넘어가 주면 상황은 달라질 수도 있다. 모르고 속는다면 거짓은 계속될 것이고, 알고도 속아준다면 그 아이도 부모가 알면서 속아주고 있다는 것을 알기 때문에 더 이상 속이려 들지 않을 것이다.

잘못을 알고 속아주기보다는 실수를 하지 않도록 사전 지도를 하는 예방조치가 필요하다.

늘 유사한 실수의 사례를 들어 원인을 알려주고 사후 관리 요령을 알려줄 필요가 있다. 지시는 있고 결과 확인을 소홀히 한다면 실수는 지속될 것이다.

"지시는 5% 확인은 95%" 필자 회사의 사훈이며 경영지침이다.

지속적인 확인이 지속적인 실수를 예방하는 방법이다.

정부는 2014년 북한에서 제의한 상호비방과 군사적 적대행위 중지 조건으로 한미군사훈련 중단을 요구한 북의 제안을 들어주었지만, 점점 강도 높은 미사일 실험을 하고 있다. 더 이상 북의 속임수에 속아주는 발상은 통하지 않는다. 속아서 이득이 되거나 상대방이 속이지 않으려는 노력이 있을 때 속아주는 역발상은 성공하게 된다. 속는 것은 무능이고 알고도 속아주는 것은 상대방을 활용하는 기술이다.

가정에서도, 기초집단에서도, 지자체에서도, 국가기관에서도, 실수의 재발을 막아 생산성을 높이는데 때로는 속아주는 역발상이 필요하다.

(22년 10월 13일)

청춘은 인생의 한 시기가 아니고 마음의 상태다.
그것은 의지, 상상력, 활력있는 정서의 전유물로
20세보다 60세 사람에게 더 많이 존재한다.
사람은 나이로 늙는 것이 아니라,
이상을 버림으로써 늙는다.

(김용한 느림의 미학)

저주는 역발상이 필요하다

사람들은 어른이든, 아이이든 지는 것을 싫어한다.

이겼을 때의 기쁨, 졌을 때의 분함은 누구에게나 있는 공통점이다.

그러나 이기기만 할 수는 없다.

이기는 사람이 있으면 반드시 지는 사람이 있기 마련이다.

"모가 아니면 도"라는 말이 있듯 이기는 확률이 50%, 지는 확률이 50%라면 나도 질 수 있다고 생각해야 한다.

졌을 때 분을 못 참고 땅을 치며 통곡하는 것을 보면 이기고 환호하는 것을 보는 것보다 더 재미있다.

다른 사람이 지는 모습은 확실히 재미가 있다.

내가 졌을 때 나는 분해 못 참는다.

지는 연습이 부족하기 때문이다.

지속적인 연습이 필요한 이유이다.

운동선수들은 단 한 번 경기를 위해 수개월 또는 수년을 연습한다. 군인들도 몇십 년 만에 한 번 있을까 말까 하는 실전을 위해 훈련을 계속한다. 평화가 계속될수록 전투 한번 못해 보고 제대하는 장병이 수백만 명이다.

지고도 즐거워할 수는 없지만 지고도 분을 참을 수 있을 정도가 된다면 일단 보통 사람 수준은 벗어날 수 있다.

또 내가 졌을 때 즐거워하는 상대가 있다는 것도 한 번쯤 생각해 볼 필요가 있다.

져주어 상대방을 즐겁게 하는 것은 사교에서 최고의 기술이다. 할아버지와 손주와의 경기가 있을 때 할아버지는 늘 손주에게 져준다. 손주는 신이 나서 더 열심히 하려는 의욕이 자라게 된다.

내가 이겨놓고 상대방 보고 "즐거워하라!" 할 수는 없다.

상대를 즐겁게 하는 방법이 내가 지는 방법이다.

다만 지고도 큰 손해를 보지 않거나 큰 상처를 받지 않아야한다.

지고도 큰 피해가 없다면 다음에 크게 이기고 큰 이익을 볼수도 있다.

늘 이기기만 하면 방어기술이 축적되지 않아 한방에 크게 당할 수 있다.

실패를 많이 하는 사람이 성공도 크게 할 수 있다. 지고도 즐겁고 지고도 이긴 자보다 소득이 높다면 져주는 것이 이기는 것이라는 것을 깨닫게 되는 순간 대부분 사람은 세상을 떠나는 것이 인간사이지만 지는 연습은 반드시 필요하다.

모든 사람과 반대로 해보는 것은 초보 역발상이다. 엉뚱한 곳에 성공의 요소가 숨어있다는 것을 잊지 말아야 할 것이다.

(22년 10월 06일)

지난달에 무슨 걱정을 했지?
그것 봐 기억도 못하잖아.
그러니까 오늘 걱정하는 것도 별일이 아닌 거야.
잊어버려.
내일을 위해 사는 거야.

(생텍쥐페리: 어린왕자 중)

시민단체와 노조의 정치화, 폭력화 막아야

건전한 시민 활동은 사회정화와 국가발전에 크게 이바지하는 봉사활동이다. 노동조합 또한 열악한 환경 속에서 생업에 종사하는 근로자의 권익을 보호하고 근로조건을 개선하는 데 크게 기여하고 있다.

시민단체와 노동조합의 활동이 과격해지고 있다. 그 결과 이들 단체의 순기능보다 역기능이 점점 증가하고 있어 또 하나의 사회 문제가 되고 있다. 최근에는 시민단체와 노동조합이 정치화되는 경향이 있다.

원래 취지대로 돌아갈 수 있도록 자정 노력을 기울이든가 아니면 정부가 나서서 강력하게 단속해야 할 것이다.

소각장이나 남골당의 시설과 국가안전에 필요한 방어시설까지도 지역주민과 합세하여 봉쇄하고 있는 실정이다. 대기업

노조의 지속되는 파업도 기업 활동을 위축시키고 있다.

그에 따른 피해는 결국 그 지역주민에게 돌아가고 사업 지연으로 인한 주민 복지 혜택이 줄어들거나 늦어질 수밖에 없다.

어떤 분야든 지나치면 화가 되고, 적당하면 독이 되는 것이 세상 사는 이치다.

스스로 자제해야 하지만 자제력을 상실했을 때는 국가 권력이 개입해서라도 정상적으로 운영되도록 해야 한다.

그것이 국가와 자치단체의 임무일 것이다. 모든 국민에게 피해가 가기 때문이다.

시민단체의 구성은 자기 직장에 충실한 구성원으로 이루어져야 단체의 활동이 건전하고 기업과 사회 발전에 이바지할 수 있음에도 업무와 직책이 없는 사람들이 직업 삼아 참여하는 경향이 있다.

또한 부유한 사람들이 감투를 추가하여 명함에 올리기 위해 참여하는 경우도 있다.

모두 건전한 활동이라기보다는 개인의 홍보 활동이나 생계 수단 또는 이익을 먼저 생각할 소지가 있는 것이다.

필자도 각종 봉사단체나 시민단체에서 활동하고 있었지만, 막상 속을 들여다보면 원래 목적과 거리가 먼 것을 느낄 때가 많아 지금은 일절 참여하지 않고 있는데 필요 없는 지출도 없고 마음마저 평화롭다.

진심으로 정열적으로 사회와 국가를 위해 봉사 정신을 발휘하는 사람이 전혀 없는 것은 아니지만 작금의 행태들은 집단 이기주의에 편승하여 이권 운동이나 압력단체로서 압력을 행사하려는 경향이 있어 지적하고자 할 뿐 시민단체와 노동조합 본연의 활동이나 임무를 폄하할 생각은 없다.

우선 구성원들의 자성과 단체 리더들이 앞장서서 폭력화와 지나친 이권 개입을 막아야 한다.

스스로 자정하는 노력이 없다면 강력한 국가적 대책이 필요할 것이다.

(22년 09월 29일)

실패는 잊어라 그러나 그것이 준 교훈은 절대 잊으면 안 된다.
ㅡ하버트 개서

풍년 걱정, 흉년 걱정

젊은이들의 도시 진출로 농촌엔 70~80대 노인들만 고향을 지키고 있다. 그래도 수십 년 동안 농업현대화 정책으로 벼농사만은 매년 풍년으로 도리어 쌀값 하락 때문에 걱정이 지속되고 있다.

트랙터, 이양기, 콤바인 등 첨단 농기구의 대량 보급으로 벼농사는 매년 풍작이다. 현재는 벼 보관창고가 부족하여 야적해 놓고 있는 상태다.

매년 계속되는 풍년에도 농민들은 쌀값은 하락하고 비용은 증가하여 농사를 계속해야 할지 걱정이 크다.

쌀값이 턱없이 내려가고 도정공장에서는 판로가 없다며 위탁판매도 거절한다. 반대로 배추, 무를 비롯한 밭작물은 흉년으로 서민들 밥상머리 걱정이 크다. 가뭄과 폭우가 잦아 작물 재배 조건이 악화하고 70~80대 노인들은 모두 허리, 무릎 통증으로 병원에 다니느라 농사일은 생각도 못 하고 있다.

정부가 나서서 농지에 태양광 시설을 하는 등 경작지 줄이기 계획까지 나온 상태다. 그러나 한번 훼손된 농지는 논으로 환원시킬 수 없다. 농사지을 수 없는 도시 주변의 절대농지는 형질변경을 불허하면서 벼농사용 농지를 다른 용도로 전환하여 벼 재배 면적을 줄이겠다는 발상은 재고되어야 한다.

김대중 정권, 노무현 정권 10년은 남는 쌀을 북한에 차관형식으로 보내는 방법으로 쌀값 조절도 가능했고 재고관리도 문제가 없었다.

이명박 정권과 박근혜 정권 들어서면서 북한에 보내던 쌀이 고스란히 재고로 남아 처치 곤란 상태가 지속되고 있다. 문재인 정권도, 윤석열 정권도 북의 핵 보유 고집 때문에 남는 쌀을 북으로 보내지 못하고 있다.

미국과 협의하여 남는 쌀을 북에 주고 다른 자원과 교환할 수 있는 방법을 찾아야 한다.

신정부가 북한과 대화하려 하지만 북한의 핵 보유 고집으로 대화조차 하지 못하고 있다. 지속해서 인내심을 갖고 대화를 성사시켜야 한다. 쌀을 이용한 다양한 먹거리를 개발하여 전 세계에 수출할 수 있도록 연구단체와 기업을 지원해서 쌀 문제를 근본적으로 해결해야 한다.

수입에 의존하는 밭작물을 기계화하는 정책이 필요한 때다. 소형 농기계와 지역별 특화된 품목에 보조금을 주고 모든 논과 밭에 지급되는 직불금은 농가소득에 도움은 되지만 곡물 자급률을 높이는 데는 전혀 효과를 보지 못하고 있어 정책 전환이 필요하다.

쌀농사는 풍년이 지속되어 걱정이고 밭농사는 노동력 고령화로 매년 자급률이 떨어져 걱정하고 있으니 쌀은 북으로 배추, 무 등 밭작물 재배기술 개발을 서두르지 않으면 먹거리 문제는 매년 지속될 것이다.

(2022년 09월 22일)

자신감 있는 표정을 지으면 자신감이 생긴다.
-찰스다윈

물 관리 잘하는 농어촌공사 하천관리 못하는 지자체

비가 내리면 자연발생적으로 생기는 실개천으로 흘러들고 실개천이 모여 소하천이 되고 소하천이 모이면 강이 된다. 실개천과 소하천에 물이 마르지 않으면 가뭄에도 주변 농토에 물 공급을 할 수 있어 안정적으로 농사를 지을 수 있다.

태풍 힌남노에 하천이 범람하여 APT 지하 주차장에 물이 차서 아까운 생명 7명이 사망하고 창사 이래 처음 포스코 제철소가 침수되어 아직도 복구 중이다. 주원인은 인근에 있는 하천의 범람이지만 제대로 진단도 못 하는 정부와 지자체의 물 관리 능력은 0점이라 할 수 있다.

치산치수는 지도자의 첫째 임무이다. 농어촌공사는 전국의 논에 물을 댈 수 있는 시설을 갖추고 있다. 모든 곡물을 수입하고 있는데 쌀만은 자급자족 수준을 넘어 쌀이 남아돌아 걱정이다. 농어촌공사처럼 지자체도 물 관리(하천 준설) 사업에 집중지원 하지 않으면 매년 홍수 피해로 주민 피해와 국고손실은 계속될 것이다. 지자체는 하천 둔치에 휴식 시설 (체력단련시설＋휴게시설＋편의시설) 설치 자제하고 물흐름을 깊고넓히는 데 집중해야 한다.

전국의 하천이 물이 흐르지 않아 잡초가 한길씩 자라고 큰비가 올 때 떠내려온 쓰레기가 가득하다. 악취마저 진동하는곳도 있다. 개천에 토사가 쌓여 천정천이 된 곳도 많다.

폭우가 쏟아지면 흙탕물이 순식간에 넘쳐 논, 밭은 물론 도로와 주택가로 몰려든다.

필자는 지방자치 단체가 농한기를 활용하여 개천 준설을 요구하는 칼럼을 가장 많이 쓰고 있다. 필자가 20여 년간 가장많이 쓴 칼럼은

① 고속도로 갓길 통행 (시행 중)

② 회전교차로(로터리) 효과 (확장 중)

③ 울릉도 비행장 (건설 중)

④ 원격의료 (시범운영 중)

⑤ 소하천 준설 (일부에서 조금씩 진행) 등이다.

아무도 거들떠보지 않던 칼럼이 자주 등장하면 어느 순간

국가사업이 될 때가 있듯이 불합리한 것이 자주 노출되면 시정되고 좋은 생각이 자주 노출되면 정책이 되고 문화가 된다.

실개천과 소하천은 자치단체에서 관리하고 있다. 자치단체마다 개천을 준설하고 활용방안을 세워야 한다.

개천을 준설하여 수심을 높이면 물고기들이 다시 자라게 될 것이고 폭우가 쏟아져도 홍수 걱정 없어진다.

(22년 09월 16일)

성공의 비결은 단 한 가지,
잘할 수 있는 일에
광적으로 집중하는 것이다.

— 톰 모나건

공포를 조장하는 사람들

사람들이 가장 무서워하는 것은 생명이다. 6·25전쟁 때 가족과 이웃들이 죽어가는 전쟁의 참상을 본 80세 이상 된 사람은 전쟁에 대한 공포심이 가장 큰 사람들이다. 그러나 전쟁을 경험하지 않은 젊은이들에겐 그런 공포심은 전혀 없다.

미세먼지가 심할 때 온 국민은 마스크를 구하지 못해 발 동동 구르며 수백 원이면 살 수 이는 마스크를 수천 원씩 주면서 쓰고 다니는 일이 벌어졌다. 미세먼지의 주범은 화물자동차라 하며 화물차의 도심 진입을 막기도 했고 화력발전소가 미세먼지의 주범으로 홍보되면서 발전을 중단하는 등 과도한 홍보와 정책 때문에 먼지 공포 속에서 살던 때가 엊그제였지만 지금은 미세먼지에 관해 관심 두는 사람은 없다. 도리어 코로나 공포 속에서 수년째 살아가고 있다.

코로나에 걸린 사람도 많고 코로나 때문에 해외여행은 물론 모임도 하지 못하고 있다. 코로나의 위험을 과대하게 홍보하고 엄격하게 통제하는 등 공포 분위기를 조성했기 때문에 불안한 생활을 하고 있다.

필자는 미세먼지가 한창일 때부터 지금도 간이측정기로 미세먼지 농도를 측정하고 있다. 현재 0.02~0.1 이하로 전혀 문제 되지 않는 수치를 확인하며 살고 있다.

코로나 역시 불안 속에 3차 접종까지 했지만, 지금은 4차 접종을 할 생각이 없다. 면역력 관리만 잘하고 사람접촉을 많이 하지 않는 한 안전하다는 판단 때문이다. 우리 국민이 모두 갖는 가장 큰 공포는 북한의 핵 개발이다. 현재 북한이 보유한 핵폭탄이 수십 개로 알려졌다. 최고지도자가 핵을 머리에 이고 살 수 없다는 등 정부는 북이 핵을 가진 한 우리는 안전할 수 없다고 강조하고 있다. 그러나 북이 핵을 갖고 있다고 우리 국민 모두 죽을 수 있다는 공포심을 갖도록 해서는 안 된다.

핵을 보유한 나라는 10여 개국이 있다. 그러나 핵을 사용한 나라는 2차대전 시 미국이 일본에 사용한 사례뿐이다. 2차 대전 후에도 지금까지 곳곳에서 국지전이 진행되고 있다. 현재는 우크라이나에서 6개월째 전쟁이 진행되고 있다. 세계에서 핵무기를 가장 많이 가진 러시아도 핵무기만은 사용하지 못하고 있다. 핵을 사용했을 때 보복 공격을 받을 것이 뻔하기 때문이다.

인도와 파키스탄도 국경분쟁이 지속되고 있지만 두 나라 모두 핵을 사용할 생각은 하지 않고 있다. 결국 핵은 과시용이거나 상대방을 위협하기 위한 수단으로 만들거나 보유하고 있을 뿐이다. 북한이 핵을 보유한 것도 그런 차원 이상은 아니기 때문에 국민이 모두 공포에 싸여 있을 필요는 없다.

전쟁이나 각종 안전사고를 예방하기 위한 노력은 지속되어야 하지만 지나치게 공포감을 조성해서는 안 된다. 언론과 정책이행자들은 국민이 평화롭게 살아가도록 위기를 사전에 방비하는 데 집중하되 두려워하지 않도록 잘 관리해야 한다.

(22년 08월 25일)

지도자의 1호 사업은 물 관리

치산치수(治山治水) 치국평천하(治國平天下)는 수 천 년을 내려오는 지도자의 덕목이다. 물은 공기와 더불어 인간과 생물이 살아가는 데 없어서는 안 될 중요한 물질로 생명을 유지하는 가장 고마운 존재이지만 물이 과다할 때는 생명을 위협하는 가장 무서운 존재가 되기도 한다. 그래서 수 천 년 전부터 물을 잘 다스리는 것이 가장 위대한 지도자라 했다.

그러나 가뭄과 물난리는 매년 겪는 연례행사가 되고 있다. 올해에도 예외는 아니었다. 100여 년 만에 처음 당하는 물 폭탄이 서울을 비롯한 중부지방을 휩쓸어 버렸다. 그중에서도 가장 피해가 큰 곳은 사람이 가장 많이 모여 사는 서울이다. 서울에서도 가장 살기 좋다고 몰려든 강남이 물바다가 되고 피해도 가장 심했다.

침수된 차량이 7,000여 대, 이재민도 600여 명이나 나오고 안타깝게도 20여 명이 생명을 잃었다. 영세민들의 생활 터전인 상가들도 큰 피해를 당해 망연자실하고 있다.

추석 대목을 보려고 사들여 놓은 제품을 모두 버리게 된 상인도 있다.

역대 정권에서는 나름대로 물 관리를 하고 있지만, 천재지변에 가까운 폭우를 막지 못하고 있다. 갑자기 쏟아지는 빗물을 처리할 하천과 좁은 하수관이 문제이다. 행정당국은 배수 용량이 큰 하수관로를 교체하는데 최우선 사업으로 삼아야 한다.

사고가 날 때마다 노란 점퍼 입고 현장에 나타나 사과하고 철저한 피해 복구를 약속하고 다니는 것만으로는 능력 있는 지도자가 될 수 없다. 피해가 지속해서 발생하는 저지대의 하수관로부터 큰 관으로 교체하여 원천적인 물 관리가 되도록 해야 한다.

전국에는 실핏줄처럼 많은 실개천과 소하천이 있다. 비가 내릴 때마다 하천이 범람하는 재해가 발생한 후에 복구하는 반복 행정은 지양되어야 한다.

매년 농한기나 갈수기를 이용하여 장비를 동원하여 준설하는 일을 지속적으로 하는 행정이 필요하다. 가뭄에는 작물 재배용 물 공급원이 되고 우기에는 신속한 배수 기능을 하는 하천으로 만들어야 한다. 사고가 난 후 전임자를 탓하고 비난하는 일은 반드시 없어져야 한다.

필자가 칼럼을 통하여 주기적으로 주장하고 있는 소하천 준설 작업이 전국적으로 시행되어야 한다. 그런 지속 가능한 행정이 유능한 행정이며 국민이 낸 세금을 잘 집행하는 집행관이 될 것이다.

(22년 08월 11일)

평생 살 것처럼 꿈을 꾸어라.
그리고 내일 죽을 것처럼 오늘을 살아라.
- 제임스 딘

남북 물꼬 이산 상봉부터

북한의 핵 보유 의지가 워낙 강하여 꽉 막힌 남북관계를 풀어나갈 수 있는 방법을 찾지 못하고 있다. 분단 60년이 지나도록 전쟁으로 헤어진 혈육을 한 번도 만나보지 못하고 세상을 뜬 가족(신고)만 65,000명이 넘는다. 아직 살아있으면서 죽기 전에 한 번만이라도 만나보기를 고대하고 있는 사람이 아직도 많이 남아있는데 이들의 나이가 대부분 90세 이상이어서 헤어진 가족 한번 만나보지 못한 한을 품은 채 하루하루 고통 속에 살아가고 있다. 정부와 북한당국은 우선적으로 이들의 한을 풀어주는 데 주력해야 한다.

북한당국의 지속되는 핵 개발 때문에 남북 간의 합의에 따라 진행되던 금강산 관광, 개성관광이 중단되고 남북 간의 상생을 위해 공동으로 운영하던 개성공단 조업마저 중단 된 지

6년째 지속되고 있다. 일시 중단이 아닌 완전 폐쇄라서 쉽게 재개할 수도 없게 되었다.

북에서 핵을 포기하지 않는 한 남북 간의 대화는 물론 교류도 경협도 못 하는 단절상태가 지속되고 있으나 북한도 계속되는 유엔과 미국의 제재를 더 이상 견디기는 어려울 것이다. 한때 북도 핵 포기에 따르는 조건을 제시하기도 했으나 이를 적극적으로 활용하지 못한 상태에서 정권이 바뀌면서 진전은 한 발짝도 나가지 못하고 있다. 매일 이산의 한을 품은 채 세상을 떠나야 하는 이산가족의 상봉만큼은 핵 포기보다 우선적으로 해결해야 한다. 돌아오는 8.15와 추석을 전후하여 가장 많은 이산가족이 한 번이라도 만나볼 수 있도록 정부가 나서서 북과 협의를 하여야 한다. 이산가족 상봉마저 핵 포기와 연계시키는 옹졸한 방법을 써서는 안 된다.

올해 8·15를 기해 2~3차례씩 상봉을 시행한다면 절대 풀릴 것 같지 않은 핵 문제도 풀릴 수 있는 계기가 되고 남북 간에 서로 좋은 개성공단 문제도 풀 수 있는 돌파구가 될 수 있어 강력히 제안 한다.

이것저것 조건 달아 지연시키지 말고 단 한 번이라도 혈육의 정을 나눌 수 있는 자리를 만드는 데 남북당국의 적극적 노력이 필요하다.

서로 간에 간절히 원하면서도 이를 풀려는 시도가 없어 답답하기만 하다. 한쪽이 조금 손해를 보는 한이 있어도 대담하게 관계 개선을 위한 행동을 할 때가 되었으니 남북 이산가족 상봉 같은 비정치적 노력부터 시작할 것을 건의해 본다.

(22년 08월 04일)

위대한 바이올리니스트 사라사테에게
비평가가 천재라고 하자
천재? 37년간 하루도 빠짐없이 14시간씩 연습했는데...
(존 맥스웰의 성공... 중)

변하는 기준, 변하지 않는 기준

일본의 한 기업(금강사)은 150년을 한결같이 문화재를 보수하고 있다. 이 회사에서는 매년 시무식 때 전 직원에게 「기준자」를 지급하고 있다. 기준자는 척관법에 근거한 치수를 나무막대기에 표시하여 사용하는 기구이다.

척관법은 우리나라에서도 최근까지 사용하고 있다. 1875년 국제 미터협약이 체결되면서 우리나라도 1900년 초부터 사용하고 있다.

세계 공통으로 사용하는 미터법을 이용한 각종 계량기구(길이, 무게, 면적, 부피)는 변하지 않는 기준이다.

그러나 법률이나 법령, 조례 등으로 제정하여 사용되는 기준은 수시로 시대변화, 생활환경 변화에 맞게 변한다. 때로는 변하는 기준을 따르지 않거나 자의적 판단으로 행동하여 집단

생활을 혼란에 빠지게 한다.

최근에 나타나는 사례를 보면

① 음주운전 문제 :

어느 장관 후보자의 20년 전 음주측정치가 지금의 기준으로는 상상이 안 되는 높은 수치여서 언론과 정치권에서 크게 문제를 제가한 일 등 음주운전 기준은 계속 강화되고 있어 소급 적용에 문제가 있다.

새로 변화된 법률이나 규칙으로 과거의 문제를 적용하는 것은 잣대를 잘 못 댄 것이다.

② 위장전입(주민등록 이전) 문제 :

과거엔 땅을 사거나 자녀 입학을 위해 위장전입이 유행한 사례가 청문회 때마다 문제가 되고 낙마하는 사례까지 발생했다. 당시엔 법은 있으나 잘 집행이 되지 않고 넘어갔기 때문이다. 지금의 잣대로 재면 많은 사람이 범법자가 되지만 당시엔 큰 문제가 아니었다.

③ 최저임금 문제 :

대기업에서는 1인의 매출이 10억에서 수십억이 되지만 소기업, 자영업 등 영세업체에서는 수천만 원 올리기도 어렵다. 그런데 현행 최저임금은 기준 없이 일률적으로 인상하여 영세 기업을 파산시키고 있다. 차등 기준이 필요하다.

④ 교사 체벌 문제 :

60~70년대 개발이 한창 진행될 때까지 교사가 수업에 들어갈 때 손엔 책(교안)과 지휘봉(30~50cm 정도의 둥근 막대)이 필수품이었다.

학생이 말을 듣지 않거나 소란을 피워 수업에 방해될 때는 가차 없이 매질했고 학부모들도 때려서라도 사람 되게, 공부 잘하게 해달라며 촌지를 들고 찾아오던 시절이 있었다.

지금 그런 교사가 있다면 교단에 서기는커녕 교도소행이니 시대의 변화에 따라 변하는 기준에 맞추지 않으면 안 된다. 필자는 초등학교 2학년 때 일제고사에서 30문항 중 1문항을 틀렸다. 선생님께서 30대를 때리겠다고 했다. 29대까지 때린 후 선생님이 먼저 울음을 터뜨렸다. 성인이 된 지금 매년 화분을 보내며 선생님께 감사드리고 있다.

⑤ 건축법의 기준도 많이 바뀌고 있다. 과거엔 아파트나 빌딩을 지을 때 엄격한 고도 제한이 있었지만, 이제는 한강 주변

에도 고층 아파트, 용산에도 고층 건물을 지을 수 있도록 기준이 대폭 완화되었으니 기준은 경제발전 속도에 따라 크게 달라지고 있음을 실감하게 된다.

나만의 잣대로 재면 늘 "내로남불"이 나올 수 있고 "내부총질"이란 말도 나올 수 있다. 모두가 인정하는 잣대가 필요하다. 눈으로 보고 귀로 듣는 것엔 공인된 잣대가 없다. 냉정한 판단으로 행동할 수밖에 없다. 다양한 사람이 살아가는 공동체일수록 엄격한 잣대와 각자 다른 기준이 있음을 인정하고 조금씩 양보하고 이해하면서 살아가는 융통성 있는 기준이 필요하다.

(22년 07월 28일)

최고에 도달하려면 최저에서 시작하라.
─P.시루스

바둑판 도로

지방도로는 대부분 꼬불꼬불 돌고 돌아다니는 길이다. 오랜 세월 다니던 좁은 길을 확장하고 포장하여 사용하기 때문이다. 때로는 급커브 길도 있다. 급커브 길에선 크고 작은 사고가 자주 발생한다.

급커브 길에 대한 교통사고 줄이기 대책으로 시속 60km 지역을 20km, 30km, 40km지역으로 세분화하여 속도를 줄이도록 유도하는 곳도 있지만, 운전자들에게 더 많은 고통이 따르고 교통체증도 수시로 발생한다.

전국의 꼬부랑길을 직선화하여 바둑판 도로를 만드는 지도가 나와야 한다.

경제성장에 따라 지방도로는 물론 시골길, 산간도로까지 모두 포장되었지만 꼬불꼬불 그대로라서 사고가 잦고 속도가 늦어 경제성장의 발목을 잡고 있다.

늦었지만 지금부터 직선화를 시작해야 한다.

평지의 꼬불꼬불 길은 직선화하면 현행도로보다 운행 시간이 크게 단축될 수 있다. 기존 도로와 새로 편입되는 도로부지를 맞교환할 수도 있어 비용도 많이 들지 않는다.

현행도로는 하부는 넓지만, 상부가 좁아 왕복 2차선도 나오지 않는 도로가 많다.

양쪽 하부에서 수직으로 콘크리트 축대를 설치하고 흙을 채워 포장하면 전국의 '1차선은 2차선, 2차선 도로는 일시에 4차선 도로'로 바뀔 수도 있다는 20년 전 필자의 제안이 아직도 유효한 것이 유감이다.

정부와 자치단체의 의지만 있다면 수년 내 모든 도로의 직선화와 4차선화가 가능하리라 생각된다. 그 대표적인 사례가 로터리(회전교차로) 제도이다. 수년 전부터 일부 지자체에서 시행하면서 전국으로 확대되고 있다.

산간 지역의 도로는 교각을 높이 세워 바로 잡아야 하므로 많은 예산이 들겠지만, 지금부터 시작해야 할 가장 시급한 과제일 것이다.

전국의 주요 도시를 연결하는 고속도로와 고속화 도로는 계속 늘어 세계에서 가장 앞선 도로가 되었지만, 지방도로는 수십 년째 그대로이다.

고속도로와 연결되는 국도와 지방도로를 직선화하고 확장하는 사업이 4대강 사업보다 더 시급한 일이지만 4대강은 끝났으니 4대강에 이은 지방도로의 직선화 사업을 최우선 국책사업으로 확정하여 주길 정부 당국에 건의한다.

치산, 치수 사업과 도로 직선화 사업을 하는 지도자가 치적을 남긴 지도자로 기록될 것이다. 직선화 도로는 가로세로 연결하여 바둑판 도로로 전국망을 형성하도록 한 치적을 만든 지도자가 나와야 한다.

(22년 07월 21일)

내 비장의 무기는 아직 손안에 있다.
그것은 희망이다.
- 나폴레옹

좋은 일자리는 없다 눈높이를 낮춰라

확장하고 늘리고 퍼주던 풍요의 시대는 가고 쥐어짜고 줄이고 뺄 것 다 빼도 살아남기 힘든 고물가 저성장 사회로 전환되었다. 정부도 위원회를 비롯한 방만했던 기구를 대폭 줄이기로 했다. 일자리 늘린다는 명목으로 더 많이 뽑던 공무원 수도 연 1%씩 줄이기로 했다. 고용인 5인 미만인 자영업자들은 종업원 모두 내보내고 혼자 사업하는 1인 기업으로 변신한 자 오래다.

이제 일자리 늘리는 기업이나 공공기관은 찾아볼 수 없게 되었다. 80년대 미국에서 일어난 다운사이징 운동보다 더 강력한 구조조정을 하지 않고 살아남을 기업은 없다. 시작은 코로나19가 전 세계로 확산하면서부터였다. 그 후 러시아의 우크라이나 침공이 전 세계를 고물가 속으로 몰아넣었다. 유가는 치솟고 덩달아 각종 원자재가 폭등하면서 생필품까지 폭등하기 시작했다.

기업도 가정도 국가도 모두 빚더미에 올라앉아 살아남을 궁리에 몰두하지만 뾰족한 대안이 없다. 아프리카 등 저개발국가에서는 아사자가 나오고 관광객에 의존하던 한 나라에서는 정부가 전복되고 대통령이 국외로 탈출하는 사태도 벌어지고 있다.

풍족하게 허세 부리며 살던 과거는 잊고 지금 처한 현실에 맞게 생활 습관을 바꾸고 회사구조도 모두 바꾸지 않으면 살아남지 못할 것이다.

과거는 버리고 내일을 위해 최소한의 지출만으로 버텨야 한다. 각국 정부는 경쟁적으로 금리를 올리고 있다. 금리를 올려 소비를 줄이도록 유도하고 있다. 물가가 계속 오르면 민심이 돌아서고 폭동까지 발생할 수 있다. 결국 정권을 내줄 수밖에 없다. 정권을 유지하기 위해서라도 금리는 계속 올릴 수밖에 없을 것이다. 좋은 일자리 나올 때까지 기다리면 늦는다. 힘들고 더럽고 위험하다는 3D 일자리도 맘대로 골라갈 수 없음을 알고 경기가 좋아질 때까지 궂은 일자리라도 계속 일할 수 있는 곳이면 모든 것 참고 일하는 자세가 필요하다.

눈높이를 낮추지 않으면 내가 원하는 일자리는 나오지 않을 것이다. 경기 다 살아날 때까지 과거의 생활방식을 바꾸고 좋은 일자리만 생각하지 말고 주변 눈치 보지 말고 궂은 일자리라도 지켜나가다 보면 더 좋은 일자리가 생겨날 것이다.

(22년 07월 15일)

비즈니스에 '51:49'법칙이 있다.
상대에게 51을 주면 나는 1일 양보했지만
상대는 2를 받았다고 생각한다.
이것이 인맥을 맺을 때 기억해야 할 중요한 법칙이다.

(이금룡의 고수는 확신 중)

임도확장으로 산불도 잡고 장애인, 노인도 활용할 수 있게

봄가을마다 대규모 산불로 국민을 불안하게 하고 국고와 인력손실이 발생하고 있다. 산불 진화는 헬기에만 의존하기 때문에 초기진화가 늦어진다.

소방차와 소방인력이 신속하게 투입될 수 있는 넓은 임도가 필요하다.

산림은 점점 우거지고 낙엽이 쌓이지만, 땔감이나 퇴비 등으로 활용되지 못하고 있다. 최근 일부 앞을 내다보는 산주들이 자치단체의 지원을 받아 수종 개량(편백나무, 오리목, 자작나무 등)에 나서고 있어 희망적이지만 수종 교체를 빙자하여 벌목하는 사례가 전국적으로 벌어졌다.

아름드리나무가 자란다면 맑은 공기를 맘껏 마시며 아름다운 경치도 감상하고 덤으로 수입에 의존하는 목재를 자급자족

할 수 있어 좋다.

산은 우리 삶에 없어서는 안 되는 귀중한 자산이고 삶의 터전이다. 그러나 산을 잘 활용하는 정책은 아직 없다. 등산객의 전유물로 전락했을 뿐이다. 높지 않은 야산부터 임도를 개설하여 산불 발생 시 소방차가 신속히 진입할 수 있도록 하고 노약자나 장애인도 산에 오를 수 있도록 하면 좋겠다.

임도를 넓히고 포장하여 산 정상까지 차량이 올라갈 수 있도록 하여 산불 발생 즉시 소방차가 들어갈 수 있도록 해야 한다. 임도를 확장하여 울진, 동해, 강릉, 산불 같은 큰불도 조기 진화하여 인명피해와 재산피해 및 산림자원을 보존할 수 있도록 해야 한다.

아름다운 금수강산을 국민 모두는 물론 세계인도 같이 누릴 수 있는 때가 빨리 오도록 해야 한다. 다만 많은 차량이 내뿜는 매연으로 인한 피해가 없도록 하루 입산할 수 있는 차량수를 조절하고 통행료도 징수하여 자연환경을 훼손 없이 보존하도록 운영과 관리 감독을 철저히 해야 한다.

(22년 07월 07일)

한 · 일 정상화 역발상 정책

역대 정권은 국민감정을 고려하여 위안부 문제와 징용 배상 문제를 풀지 못하고 한 세기를 보냈다. 새로 출범한 정부가 이 문제를 해결하기 위해 적극적으로 나섰다. 국민의 한 사람으로 적극적으로 환영한다.

위안부를 해결하기 위한다고 조직된 정대협과 그 후신 정의연은 30여 년간 할머니들의 한을 풀어줄 것으로 알고 있었다.

각계각층의 온정이 답지했으나 위안부 할머니들의 복지보다는 사용처가 불분명하다는 보도가 있고 난 뒤 국민의 분노가 폭발하였다.

일본군의 만행을 규탄하고 일본에 진실한 사죄를 요구하는 대단히 중요한 단체가 불투명한 회계처리로 성금을 탕진하고도 반성조차 하지 않는 이 단체를 응징하는 재판은 질질 끌고 있다. 강제노역 배상 문제도 우리 법원 판결로 우리나라에 진출해 사업하는 기업의 자산을 강제로 회수하도록 하고 있으나 일본 정부의 강력한 반발로 이러지도 저러지도 못하고 있다.

이럴 때 역발상이 필요하다. 일본의 침략을 막지 못하고 나라를 통째로 내준 국가의 잘못으로 발생한 중대 사건을 일개 시민단체에 맡겨두고 있는 것은 정부의 무능이다.

당사국인 일본에 위안부 문제와 강제노역 배상 문제를 우리의 요구대로 처리할 수 있는 아량은 없다고 본다.

정부가 통 큰 역발상 정책을 편다면 오랫동안 일본에 눌려 살던 우리의 한을 우리가 풀 수 있는 좋은 기회가 될 것이다. 배상 문제를 민간협의체를 구성하여 기금을 조성하고 배상 문제를 우리가 해결하는 쪽으로 정부도 나서고 있어 다행이다.

우리 정부와 민간단체가 나서서 배상도 하여 그들을 위로하고 한·일 간의 국민감정을 제거한 후 일본에 사과도 받고 구상권을 청구하는 등 정부 간에 조용히 처리하는 결단이 필요하다고 생각한다.

일본의 지도자들이 두고두고 후회하게 될 역발상 정책이 될 것이다.

적대관계가 오랫동안 지속되면서 상호협력으로 더 발전할 수 있는 기회도 놓치고 있다. 새 정부가 이 문제를 양쪽 국민감정을 건드리지 않고 조용히 털고 나간다면 큰일을 한 정부로 기억될 것이다.

(22년 06월 30일)

영수필망 盈受必亡.
겸수필존 謙受必尊.
가득차면 반드시 망하고
겸손하면 반드시 존경을 받는다.

(다산 정약용)

과거 지우기 역발상

정권이 바뀔 때마다 과거의 잘못을 파헤치고 과거에 영화를 누리던 사람들은 강하게 반발하고 있다. 500년 전에도 그랬고 지금도 조금도 변하지 않고 있다.

사람들은 항상 과거를 잊지 못하고 있다. 그럴 뿐만 아니라 과거에 하던 방법 그대로 하면 현시대에 맞지 않는다는 것을 알면서도 과거 습관을 고치려 하지 않는다.

고집스러운 사람, 고집이 센 사람들일수록 과거지향적이다. 6·25전쟁을 겪은 세대들은 북한을 괴뢰 집단이라 하고 모두 죽여야 내가 잘 살 수 있다고 생각하는 사람들이 많다. 맞서 싸우던 과거만을 생각하기 때문이다. 과거 일본이 저지른 군위안부 문제와 강제노역 보상 문제로 한일관계가 최악인 상태가 지속되고 있다. 국권피탈 당시 우리의 국력은 보잘것없었고 일본은 막강했다. 힘 앞에 장사는 없다. 일본에 통치권을 통째로 내줄 수밖에 없었고 일본통치하에서 일부 젊은 여성은 위안부로 끌려갔고 남자들은 일본기업과 탄광에 강제로 끌려가야 했다. 피눈물 나는 과거를 지금도 생각하며 보상을 요구해봤자 우리에게 득 될 것은 하나도 없다. 차라리 과거를 잊고 과거에 당한 강제 징용자들에 대한 보상은 우리 정부가 해주고 사과를 요구하는 것이 지금으로서는 최선일 것이다. 주권이 없었을 때 당한 것을 지금 그들에게 요구하기보다는 우리가 먼저 해결하겠다는 역발상을 발휘한다면 일본의 콧대를 꺾으면서 단숨에 해결하여 아팠던 과거를 지우고 새 출발 할 수 있을 텐데!

사람들은 늘 과거와 현재만을 보고 살아왔다. 지금부터 생각을 바꿔야 한다. 미래를 내다보며 살아가야 더 좋은 미래, 더 아름다운 미래, 더 안전한 미래를 맞이할 수 있다는 국민의식이 싹터야 하고 과거의 잘못을 찾아 처벌하기보다는 앞으로 과거와 같은 잘못(실수 또는 고의적 행동)을 개선하여 재발하지 않도록 제도를 바꾸고 행동양식을 바꾸는 일을 지속해야 한다. 정치인들은 당쟁을 중지하고 미래지향적으로 제도를 바꿔나가야 한다.

미래 디자인은 아직 시작도 못 하고 있다. 과거보다 개선된 미래 디자인이 필요하다. 초급 역발상은 남과 반대로 하는 것이고, 중급 역발상은 남보다 먼저 실천하는 것이고, 고급 역발상은 남들이 생각하지 못한 미래를 보고 준비하는 것이다.

고급 역발상에 관심을 두고 다른 사람보다 먼저 준비하고 실천하면 결과적으로 세상을 새롭게 바꾸는 방법이 된다.

좋았던 과거는 기억하되 불행했던 과거는 지워가며 잘못을 인정하면 용서해 주는 노력을 한다면 아름다운 미래가 보일 것이다.

(22년 06월 23일)

언제나 현재에 집중할 수 있다면 행복할 것이다.
—파울로 코엘료

좋은 것 많이 찾기

아침 신문 보기가 겁난다. 저녁 뉴스(TV) 보기는 더 겁난다. 매일 터지는 대형사건과 비리 등 좋지 않은 것, 잘못된 것들만 홍수처럼 밀려온다. 국민 머릿속엔 불만과 불신으로 가득한 사회로 변한 자 오래다.

빨리 안정을 찾아야 할 텐데! 모두 걱정만 하고 있을 뿐이다.

그런 와중에도 잘 되는 것, 안 되는 것, 잘 못 되는 것, 나쁜 그것보다는 잘되는 것, 좋은 것 등 소소한 것들이지만 묻혀 지나가는 것들이 더 많다. 소소하지만 잘 되는 것을 찾는 지혜가 필요하다. 그래야 스트레스가 덜 쌓이고 세상 걱정을 덜 하며 살 수 있기 때문이다. 필자가 모 지방신문에 관여하면서 기자들에게 좋은 기사 쓰기를 강조한 일이 있다. 좋은 기사 발굴한 실적에 따라 성과급을 주겠다는 제안도 해봤다.

결과는 실망적이었다. 기자의 눈엔 나쁜 것만 보이는 것 같아 안타깝다. 좋은 기사를 발굴하려면 발로 뛰어야 하고 의식을 바꿔야 한다. 의식이 굳어져 있으면 눈에 잘 띄지 않기 때문이다.

좋은 일을 하는 사람들은 자기가 하는 일을 떠벌리지 않는 특성이 있다. 눈에 띄지 않게 소리 나지 않게 행하기 때문이다. 그러다 보니 늘 잘못된 것, 나쁜 것만 툭툭 튀어나온다. 일반시민들의 의식마저 어두운 현상에 관심이 쏠려 좋은 것이 보이지 않는다.

좋은 것 찾는 노력이 필요하다. 모든 사람이 긍정적인 사고를 갖도록 하면 좋겠다. 모든 언론과 정치인, 지도자 등이 앞장서서 사회불안을 진정시켜야 한다. 신문과 TV가 앞장서면 효과가 빨리 나타날 것이다. 신문 1~2면에는 늘 좋은 기사만 게재하되 일체의 광고나 비판 기사가 없도록 하는 제도를 만들면 좋을 것이다.

가정에서도 회사에서도 질책보다는 격려하고 잘된 것은 작은 것이라도 칭찬하여 자긍심을 갖고 살도록 하면 좋겠다.

필자가 경영하는 회사에서는 수시로 격려상을 주고 있다. 생산성을 올리거나 안전사고를 예방하거나 실수로 사고가 났을 때 빨리 수습하는 등 조그만 실적이 있어도 포상하는 제도를 30여 년간 지속해서 실시하고 있다.

　질책은 최소화하고 칭찬과 보상은 최대화하면 돌출행동을 하지 않고 조금이라도 잘해 보려는 의지가 생겨서 좋다. 지금처럼 불안한 사회가 지속된다면 곳곳에서 비방, 폭행, 파괴, 살인, 방화, 성폭력 등이 지속해서 발생하고 국가적 위기가 올 수도 있다. 정치인과 언론이 앞장서고 온 국민이 동참하여 살기 좋은 사회를 만들어야 한다.

(22년 06월 16일)

신은 용기 있는 자를 결코 버리지 않는다.
-켄러

소하천 준설하여 물이 흐르도록

가뭄이 계속되어 농부들 가슴이 타들어 가고 있다. 저수지 물이 있어 모내기는 마쳤지만 물 공급이 되지 않는 밭작물은 타들어 가고 있다.

비가 내리면 자연발생적으로 생기는 실개천으로 흘러들고 실개천이 모여 소하천이 되고 소하천이 모이면 강이 된다. 실개천과 소하천에 물이 마르지 않으면 가뭄에도 주변 농토에 물 공급을 할 수 있어 안정적으로 농사를 지을 수 있다.

전 국토에 실핏줄처럼 얽혀있는 실개천과 소하천에 물고기가 사라진 지 꽤 오래됐다.

물이 흐르지 않아 잡초가 한길씩 자라고 큰 비 올 때 떠내려 온 쓰레기가 가득하다. 악취마저 진동하는 곳도 있다. 개천에 토사가 쌓여 천정천이 된 곳도 많다.

폭우가 쏟아지면 흙탕물이 순식간에 넘쳐 논, 밭은 물론 도로까지 토사가 밀려온다.

필자는 지방자치 단체가 농한기를 활용하여 개천 준설을 요구하는 칼럼을 주기적으로 쓰고 있다.

실개천과 소하천은 자치단체에서 관리하고 있다. 자치단체마다 개천을 준설하고 활용방안을 세워야 한다.

개천을 준설하여 수심을 높이면 물고기들이 다시 자라게 될 것이고 폭우가 쏟아져도 홍수 걱정 없어진다.

필자가 늘 주장하는 강변도로는 개천을 준설하는 토사를 이용하여 포장만 하면 도로가 된다.

개천 하부에 콘크리트 벽을 설치하고 파낸 흙으로 둑을 넓힌 후 포장하면 2차선 도로가 된다.

양면 모두 왕복 4차선 도로가 생길 수도 있다.

개천의 무한한 자원을 활용하는 방안이 나와야 한다. 4대강 사업을 지금도 반대하는 사람들이 있지만, 폭우에도 4대강 주변은 비교적 안전했다.

전국의 강과 소하천 그리고 실개천을 원상태로 복원하면 한국의 기적이 또 하나 생기는 것이다.

실개천 살리기 운동은 제2의 새마을 운동이 되고 우리 경제의 원동력이 되어 한국은 또 한 번 세계의 이목을 집중시키고 수백만 관광객이 전국 방방곡곡을 찾는 날이 올 것이다.

소하천과 실개천 그리고 산을 잘 활용하면 교통, 관광, 양식, 놀이터 등 다양한 분야로 경제적 효과가 나타날 수 있다.

실개천 경제가 성공한다면 주민의 안전과 소득증대는 물론 홍수 걱정 없고 농사 걱정 없는 농촌이 될 것이다.

비만 오면 늘 걱정하는 개천의 범람도 옛날이야기가 되는 때가 빨리 오기를 기대해 본다.

(22년 06월 09일)

단순하게 살아라.
현대인은 쓸데없는 잡지와 일 때문에
얼마나 복잡한 삶을 살아가는가.

—이드리스 샤흐

성공한 농업정책과 미래의 농촌

전 세계가 식량난에 빠져있다. 우크라이나 전쟁의 여파가 가장 크고 다음은 전 세계적 가뭄 현상 때문이다. 밀, 콩 등 곡식을 무기화하고 있어 식량 자급자족 체계를 갖추지 않은 나라들은 가장 큰 위기 속에 살아가고 있다.

우리나라는 다행히도 역대 정권이 쌀 자급체계를 갖추기 위해 경지정리를 했고 농기계 보급을 지속해서 해왔다.

그 결과 올해에도 5월 말 이미 벼 모내기가 끝나가고 있다. 모내기에 필요한 이앙기가 마을마다 보급되었기 때문이다. 봄 가뭄이 지속되는데도 비수기에 가득 채워둔 저수지 물을 이용했기 때문이다. 관개수로가 갖춰지지 않았을 때는 농민들은 밤낮으로 물 푸기를 해야 했다.

지금은 농부가 구두 신고 농사짓는 시대가 되었다. 이앙기한 대가 하루에 수십 마지기의 논을 써레고 모를 심기 때문이다.

현재대로면 금년도 풍년이 예감된다. 역대 정권이 농촌 살리기에 집중한 결과가 나타나고 있다. 산업화하기 시작할 무렵 강촌의 젊은이들은 모두 도시로 떠났다.

지금은 젊은 농부가 60이고 보통이 70살 이상인 노인들만 남아 전통적인 농사를 짓고 있다. 기계 보급이 되지 않았다면 농촌은 이미 붕괴하고 농지는 잡초밭으로 변했을 것이다.

농촌에 젊은이들이 돌아오는 정책이 필요하다. 농촌에도 문화시설이 들어서고 첨단 기계를 갖춘 병원에 양질의 의사가 상주하는 등 도시로 나가지 않아도 문화생활이 가능하게 해야 한다. 지금의 병원시설이나 문화시설, 교육환경 등을 그대로 두고 고향으로 돌아가라 한다면 누가 응하겠는가 생각해 보라!

벼농사만은 젊은 농부가 없어도 가능하지만, 밭농사나 기타 특수작물은 불가능하다.

지금까지 농촌을 위해 투자한 자금과 정책을 앞으로는 젊은이들의 귀촌을 유도하는 정책으로 전환해야 한다. 농촌에 살아도 결혼할 수 있고 교육 제대로 할 수 있고 의료혜택, 문화시설 활용이 가능하도록 계속 투자해야 가능하다.

(22년 06월 02일)

어공이 망친 경제 늘공이 살려야

어공이란 「어쩌다 공무원이 된 사람들」을 줄여 쓴 신조어다. 정권마다 집권하면 선거에 공을 많이 세운 정치지망생을 비서진과 각료로 발탁한다. 이와 같은 논공행상論功行賞은 옛날부터 있었으니 새로운 현상은 아니다. 20년-30년을 한 분야에서 일하면서 노하우를 축적한 전문인(늘공)들을 발탁하는 경우는 많지 않으니 말단직에서 수십 년 씩 일하고도 최고책임자가 되어 마지막 국가에 봉사할 수 있는 기회를 얻지 못하고 퇴직하게 된다.

그래서 정권이 바뀔 때마다 집권자의 공약을 이행하기 위해 기존정책을 폐기하여 수십 년씩 운영하는 기업과 국민을 혼란스럽게 하고 장기발전계획도 세울 수 없게 된다. 따라서 과거 제도에 맞게 사업체계를 갖추고 있던 회사가 갑자기 망하는 경우도 생기고 국가 경제를 망치는 경우도 생긴다.

싱가포르이나 말레시아같은 나라가 20년 이상 1인이 장기 집권하면서 국가의 틀을 확고하게 잡아놓은 경우나 박정희 대통령 집권 17년 동안 1차~5차 5개년 계획을 세워 실천한 결과 짧은 기간에 초고속성장을 이루어 세계 최빈국에서 오늘날 10대 강국이 되는 기초가 된 것은 한 부서에서 장기 근속한 늘공들의 역할이 컸다.

정권은 바뀌어도 국가의 장기 발전계획은 지속되어야 하는데 표만 의식한 잘못된 공약만 이행하려는 급조된 정책으로 지속되어야 할 정책이 중도에 폐기되거나 심한 경우는 공사 진행 중에 갑자기 중단되는 사례도 나타난다. 그 대표적인 사례가 원자력 정책이었다.

논공행상이 변질하여 선거에 공이 있는 이들에게 자리 하나씩 주어서 부도 축적하고 퇴직 후에는 연금도 탈 수 있는 파격적인 대우를 받게 된다. 「어공」들이 누리는 특혜이자 폐단이다.

잘못된 행정 거꾸로 가는 경제정책을 바로 잡을 수 있는 길은 어공이 물러나고 늘공이 그 자리에 앉는 것이다. 늘공들은 수십 년 동안 몸소 체득한 경험과 실무능력이 있어 잘못된 경제를 바로잡을 수 있다. 늘공과 어공의 교체가 자연스럽게 이루어진다면 국가 경제가 안정적으로 발전하여 국민 모두에게 미래가 보장되는 행복한 나라가 될 것이다.

(22년 05월 26일)

법 없애는 능력 있는 국회의원

국회의원은 단독 헌법기관이다.

국회의원의 주 임무는 법률안을 발의하여 확정시키는 일이다.

그 외에도 국정감사를 통해 행정부를 견제하는 일 등 다양하지만 법을 제정하는 일을 하는 사람으로 모두 알고 있다.

그런데 법을 만들기만 하면 도리어 기업 활동과 국민 생활에 불편과 부담만 가중시킨다는 것은 생각하지 않고 법안을 많이 발의하는 국회의원을 능력 있는 국회의원이라 생각한다.

국회가 생긴 후 만들어진 법률이 얼마나 되는지 아는 사람은 아무도 없다.

그런 통계를 내본 일도 없을 테니까.

법률제정, 개정, 폐기 중 폐기 발의를 많이 하는 국회의원이 많아야 기업이 편하고 국민 자유와 피해도 줄일 수 있다. 기업이 활발하게 움직이도록 돕는 의원이 능력 있는 의원이고 애국자가 아닐까?

법률이 하나 제정되면 그에 따른 시행령이 수십 가지씩 늘어나서 국민과 기업에 불편을 주고 수십 가지 시행령과 조례로 제한하고 위반하면 벌과금을 부과하거나 형벌을 받게 한다. 결과적으로 생활이 불안정해지고 기업 활동이 자유롭지 못하게 되고 법을 지키기 위해 많은 기구와 인력 그리고 경비가 추가된다. 세무는 세무사에, 노동은 노무사에 안전진단은 산업안전 전문업체에 의뢰해야 한다. 각종 인증도 정부산하기관이 해주면서 지나치게 높은 수수료를 챙겨 경영난이 가중되고 있다.

규제를 양산하는 법 제정보다 불합리하고 기업 활동을 위축시키는 법령들을 폐기하는 일에 눈 돌릴 때가 되었다.

지속해서 개정에 개정을 거듭하여 누더기 법률이 되면 제정자도, 시행자도, 이행자도 잘 모르는 누더기법이 되고 만다.

개정이 필요하면 개정하지 말고 폐기한 후 현재의 여건에 맞게 새로 제정하면 된다.

경제 상황은 계속 변한다. 법도 경제발전, 사회변화에 맞게 바뀌고 없어져야 한다.

그러므로 그때그때 상황에 맞게 제정하면 현실에 맡기 때문에 폐기에 거부감을 느끼지도 않을 것이다.

기존 누더기 법률과 그에 따른 시행령, 조례 등을 과감히 폐기하여 더 자유롭고 부담 없이 기업을 영위할 수 있도록 하고 불편 느끼지 않고 살아가도록 해야 한다.

일시적으로 행위를 제한하는 사안들은 법률 없이 행정부 또는 자치단체가 일시적 제한 또는 권고사항으로 국민을 일깨우도록 하면 좋겠다.

(22년 05월 19일)

진짜 문제는 사람들의 마음이다.
그것은 절대로 물리학이나 윤리학의 문제가 아니다.

─아인슈타인

위안부, 징용 보상은 우리 정부가 통 크게 해결해야

역대 정권은 국민감정을 고려하여 위안부 문제를 풀지 못하고 한 세기를 보냈다. 새로 출범한 정부가 해결해야 할 외교적 과제 1호가 위안부와 징용 배상 문제이다.

얼마 남지 않은 위안부를 위로하고 노후나마 별 어려움 없이 지낼 수 있도록 하기 위해 조직된 정대협과 그 후신 정의연은 30여 년간 할머니들에게 큰 위안이 되는 것으로 모든 국민이 알고 있었다.

성금을 내어 돕도록 하는 온 정이 계속 답지했으나 위안부 할머니들의 복지보다는 사용처가 불분명하다는 보도가 있고 난 뒤 국민의 분노가 폭발하였다.

몇 명이 모인 친목회도 회장, 부회장, 총무, 감사 등으로 역할을 분담하여 작은 지출도 투명하게 하려고 노력하는데 일본군의 만행을 규탄하고 일본에 진실한 사죄를 요구하는 대단히 중요한 단체가 불투명한 회계처리로 질타받는 사태는 대단히 불행한 일이다.

이 단체를 투명하지 못하게 이끌어온 인사들을 모두 몰아내고 해당 단체도 해체해야 한다. 국가가 나서서 당파를 초월하여 냉정하게 시시비비를 가려 다시는 비리가 없도록 하여야 한다. 자칫 정파의 이익이나 안위를 위해 적당히 덮어 나간다면 더 큰 불행이 오고 일본과의 외교에서도 좋지 않은 영향을 끼칠 것이다.

전 정권에서는 이 문제를 해결하지 못하고 과거에 맺었던 약속까지 파기하여 역으로 당사국인 일본으로부터 공격받고 있다.

이럴 때 역발상이 필요하다. 일본의 침략을 막지 못하고 나라를 통째로 내준 국가의 잘못으로 발생한 중대사 건을 일개 시민단체에 맡겨두고 있는 것은 정부의 무능이다.

당사국인 일본에 위안부 문제를 우리의 요구대로 처리할 수 있는 아량은 없다고 본다.

우리 정부가 통 큰 역발상 정책을 편다면 오랫동안 일본에 눌려 살던 우리의 한을 우리가 풀 수 있는 좋은 기회가 될 것이다.

모두 세상을 떠나고 10여 명밖에 남지 않은 위안부 문제를 우리 정부가 직접 나서서 정리하고 우리 국가가 배상도 하여 그들을 위로하고 한·일 간의 국민감정을 제거한 후 일본에 구상권을 청구하는 등 정부 간에 조용히 처리하는 결단이 필요하다고 생각한다.

　　일본의 지도자들이 두고두고 후회하게 될 역발상 정책이 될 것이다.

　　적대관계가 오랫동안 지속되면서 상호협력으로 더 발전할 수 있는 기회도 놓치고 있다. 새 정부가 이 문제를 양쪽 국민감정을 건드리게 하지 말고 조용히 털고 나간다면 큰일을 한 정부로 기억될 것이다.

　　징용자 배상 문제도 우리 국가가 배상하고 구상권 문제는 정부 차원에서 해결한다면 한일 문제는 깨끗이 풀어지고 상호협력관계로 발전할 것이다.

(22년 05월 12일)

잡초도 작물이 된다

어느새 온도 차가 심했던 봄이 가고 여름에 접어들고 있다. 봄부터 여름 내내 잡초와의 전쟁을 벌인 농부들의 허리가 감당을 못하고 모두 환자로 변하고 있다.

잡초는 재배하는 화초나 작물보다 월등한 번식력을 갖고 있다. 하나의 작물을 잘 자라게 하려고 농부들은 10번 이상 잡초 제거에 나서는 일이 일상이다. 그만큼 잡초의 자생력은 대단하다. 작물을 개량하여 잡초를 이길 수 있도록 한다면 그 사람이 노벨상을 탈 사람이다.

농업진흥청과 산림청 등 정부산하기관에서 지속해서 종자 개량 사업을 벌이고 있어 많은 성과를 거두고 있음은 모든 국민이 알고 있을 것이다. 그러나 아직도 스스로 잡초를 제압하고 자라는 작물은 많지 않다. 농약을 살포하고 김매기를 하는 농부의 땀방울 덕분에 잘 자라서 열매를 맺고 일생을 마치는 수천 년 된 작물 재배 방법도 변화해야 한다.

앞으로도 지속적인 연구 노력으로 잡초와 대등하거나 잡초를 능가하는 자생력을 갖춘 작물과 화초가 나오도록 하였으면 좋겠다. 필자는 당뇨에 좋다는 돼지감자 종자를 구매하여 밭에 심고 귀한 작물 대접을 하면서 가꿨다. 돼지감자의 성장력은 작물을 능가하고 다른 잡초를 제압하는 자생력을 갖고 있어 지금은 돼지감자 제거에 많은 시간을 할애하는 실정이다. 잡초보다 강한 돼지감자를 필자는 작물 취급하여 작물 3호로 규정하기도 하였다. 작물 1호는 고사리다. 20여 년 전 산에 주로 서식하는 고사리를 밭에 심을 때 농부들은 비웃었다. 산에 가면 얼마든지 채취할 수 있는 잡초를 왜 밭에 심느냐는 생각에서였다. 그러나 지금은 입산금지정책 때문에 야산에 가서 고사리를 채취하는 것은 불법이다. 그러니 필자의 20여 년 전 선택은 앞을 내다보는 판단이었고 잡초를 작물로 보는 역발상적 조치였음이 입증되었다. 잡초 2호는 달맞이꽃(야견화)이다. 뉴질랜드 여행 갈 때 주변에서 달맞이 기름을 사 오라는 말을 하였다. 달맞이기름은 혈액순환에 효과가 있고 면역력을 증강시키고 노화 방지에 효과가 탁월한 기름으로 식물성 기름 중 가장 고가로 거래되는 기름이다. 필자의 500여 평의 밭에는 이미 달맞이꽃으로 가득 차 있다. 필자의 예측대로 길가에서 흔히 보던 야경화가 행정기관의 풀 깎기 정책 때문에 자취를 감췄다. 잡초를 작물로 재배하는 시도는 계속될 것이다. 농업기술센터나 면사무소 등 농작물관리 담당관의 잡초에 대한 인식은 아직 변화의 기미가 없다.

사람도 잡초와 같은 자생력을 갖춘다면 세상 무서울 것이 없을 것이다. 병원과 약국에 의지해 살지 않아도 될 것이다. 90세 남짓을 살고 세상을 뜨는 일도 없을 것이다. 인간이 앞으로 120세 이상을 건강하게 살 수 있는 길은 스스로 각종 병균을 퇴치할 수 있는 강력한 면역력을 갖추는 일이다. 우리 몸속에서는 하루에도 수십만 개의 암세포가 생기는데 강한 면역세포들이 이들을 잡아먹기 때문에 대부분 사람이 암에 걸리지 않고 건강하게 살다 죽는다. 암은 면역력 기르기를 게을리한 사람들에겐 가장 강력한 저승사자로 굴림하고 있다.

암 예방은 강한 면역력에 의해 결정된다. 의사들은 질병에 걸린 환자치료에만 집중하지 말고 병을 스스로 퇴치할 수 있는 면역력 기르는 방법을 전파해야 한다. 치료보다 예방에 집중할 수 있는 제도와 환경을 만들면 더 좋은 세상 더 오래 사는 길이 열리지 않을까?

잡초 속에는 건강에 좋은 효능을 가진 식물이 대부분이다.

잡초를 제거의 대상으로 생각하지 말고 인간의 건강을 지켜주는 고마운 존재로 생각하고 작물로 기르는 시대가 빨리 오도록 관련 기관의 노력이 있으면 좋겠다.

전통적 농작물에만 집착하는 공직자들의 의식이 변한다면 잡초의 작물화는 급진전할 것이다.

(22년 05월 06일)

매일 정신이 아득할 정도로 연습을 하고 나면
다른 선수에게는 없는 이상한 능력이 생긴다.
예를 들면 투수가 공을 던지기 전부터 그 공이 직구인지 커브인지 알 수 있고,
날아오는 공이 수박처럼 크게 보인다.

(미 야구선수 행크아론)

사망사고 확 줄인 회전교차로

국토교통부는 2011년부터 전국에 있는 6만여 개소의 교차로 중 시범적으로 100여 개소에 한국형 회전교차로(로터리)를 시범적으로 설치하기 시작하였다.

회전교차로는 교차로 중앙에 원형화단을 조성하고 회전하면서 통행하는 로터리형 교차로이다. 오랫동안 도심 외곽지역까지 신호등을 설치하여 통행 차량도 없는데 서서 지루하게 대기하던 보행자들이 기다리지 못하고 무단 횡단하다 갑자기 달려오는 차량에 치여 사망하는 사례가 전국에서 발생하였다.

3년여 전부터 전국으로 확산하고 있는 회전교차로(로터리)는 2019년엔 179곳으로 늘었고 지금은 1년에 100여 곳씩 늘어가고 있다.

그 결과 교통사고 사례가 63%나 감소하였다는 보도가 있었다.

현행 신호등 체계보다는 신호대기 시간이 없어 차량흐름이 빨라지고 유류 소비도 대폭 줄어들며 매연 발생도 많이 감소하는 등 좋은 점이 많아 도심 외곽의 모든 지역으로 확대되고 있는 추세이다.

1900년대부터 도시로, 도시로 모여든 사람들은 집 없이는 살아도 차 없이는 살 수 없는 상황이 되었다. 때맞춰 설치하기 시작한 교통신호등은 복잡한 도시에서 교통사고로 줄이고 차량흐름을 조절해 주는 주요한 역할을 해왔었다. 매년 설치지역이 늘어나면서 이면도로는 물론 하루 20여 명이 이용하는 시골길까지 교통신호등을 설치하여 신호등 공해가 발생할 정도로 많아졌다. 더 이상 신호등을 설치하는 것은 통행에 방해되고 자원 낭비를 부추기는 시설물이 될 것이다. 통행량이 많지 않은 이면도로와 지방 중소도시 주변은 모두 회전교차로로 바꾸는 것이 좋을 것으로 생각한다.

교통 당국과 지방자치단체는 인구이동이 많지 않은 기존 교차로와 신설되는 교차로는 모두 회전 교차로(로터리)와 하면 차량흐름도 좋아지고 사망사고도 줄어들며 대기시간에 발생하는 매연도 줄어드는 등의 효과가 큰 통행 시설이 될 것이다.

(22년 04월 28일)

원격진료 신정부 업적 1호로

OECD 32개국에서 실시하는 원격진료제도가 20여 년간 막혀 있다가 코로나로 조금씩 실시되고 있지만, 정식제도화는 되지 않았다.

당뇨병과 고혈압은 평생 약을 먹으면서 식사 관리를 해야 하는 병이다. 평상시 크게 아프거나 거동이 불편하지 않아 병 같지 않은 병이다. 진료 없이 대리처방이 가능한 평생 복용 약 조차도 병원에서는 매달 직접 내원 진료를 강요한다. 진료 시간도 길어야 5분 정도로 끝나지만, 대기시간이 1시간 이상 걸리기도 한다. 집에서 병원까지 오가는 시간, 병원에서 진료대가 하는 시간 등 시간 낭비가 만만치 않다.

중국에서는 제약회사, 병원, 약국은 물론 배송업체까지 온라인으로 동시에 연결하는 시스템을 구축하여 수백 km 먼 거리에 사는 환자까지 관리하고 있다.

선진국 중 우리나라만 원격진료를 시행하지 않는 선진국이면서 의료후진국이다. 노인증가율 1위인 우리나라의 진료비가 상대적으로 많이 들고 많은 시간을 병원에서 낭비하고 있는 실정이다. 노인이 되면서 많이 발생하는 고혈압과 당뇨 환자들의 의료비 지출을 줄여주고 병원에 오가고 대기하는 시간 낭비를 줄여줄 수 있는 제도가 원격진료제도이다.

원격진료를 막고 있는 기관의 갑질 때문에 실시하지 못하는 것은 정부의 의지 부족이라 할 수 있다. 해당 기관은 병원 수입 걱정하지 말고 국민건강부터 챙기는 일에 앞장서야 한다. 고령화에 따른 환자의 편의를 증진하기 위해서는 적극적으로 실시해야 한다. 신정부 초기가 원격진료를 시행할 수 있는 적기라 생각된다. 돈도 들지 않으면서 실적은 극대화할 수 있는 원격의료를 인수위부터 신경 써야 할 것이다.

병원과 환자 간에 원격진료 협약을 맺고 일정 금액의 진료비를 사전에 납부하는 제도를 만들 수도 있을 것이다.

진료비 사전납부자에게 원격진료를 시행하면 모든 환자가 따를 것이다. 당뇨, 혈압 등 평생 약을 복용하고 관리해야 하는 일반화된 질병부터 원격의료를 시작하면 부작용 없이 정착될 수 있고 코로나19 같은 전염성이 강한 질병이 번질 때도 가정에서 핸드폰으로 진료받으니 전염병 감염도 막을 수 있어 좋다.

의사협회와 신정부가 서로 떠밀지 말고 원격 의료시스템 갖춰 실시한다면 신정부 업적 1호가 될 것이다.

(22년 04월 21일)

진주는 조개의 상처에 들어온 이물질에
체액을 분비해 감싸므로 영롱한 진주가 된다.
진주는 상처의 고통을
아름다움으로 승화시킨 것이다.

(시인 정호승)

잡초와 중소기업

봄부터 여름 내내 잡초와의 전쟁을 벌인 농부들은 허리가 구부러져 있다.

잡초는 재배하는 화초나 작물 더 월등한 번식력을 갖고 있다. 하나의 작물을 잘 자라게 하려고 농부들은 10번 이상 잡초 제거에 나서는 일이 일과다. 그만큼 잡초의 자생력은 대단하다. 작물을 개량하여 잡초를 이길 수 있도록 한다면 그 사람이 노벨상을 탈 사람이다.

농업진흥청과 산림청 등 정부산하기관에서 지속해서 종자개량 사업을 벌이고 있어 많은 성과를 거두고 있음은 모든 국민이 알고 있을 것이다. 그러나 아직도 스스로 잡초를 제압하고 자라는 작물은 많지 않다. 농약을 살포하고 김매기를 하는 농부의 땀방울 덕분에 잘 자라서 열매를 맺고 일생을 마치게 된다.

앞으로도 지속적인 연구 노력으로 잡초와 대등하거나 잡초를 능가하는 자생력을 갖춘 작물과 화초가 나오도록 하였으면 좋겠다. 필자는 당뇨에 좋다는 돼지감자 종자를 사들여 밭에 심고 귀한 작물 대접을 하면서 가꿨다. 그러나 돼지감자의 성장력은 작물을 능가하고 잡초를 제압하는 자생력을 갖고 있어 지금은 돼지감자 제거에 많은 시간을 할애하는 실정이다. 잡초보다 강한 돼지감자를 필자는 작물 취급하여 작물 3호로 규정하기도 하였다. 작물 1호는 고사리다. 10여 년 전 산에 주로 서식하는 고사리를 밭에 심을 때 농부들은 비웃었다. 산에 가면 얼마든지 채취할 수 있는 잡초를 왜 밭에 심느냐는 생각에서였다. 그러나 지금은 입산금지정책 때문에 야산에 가서 고사리를 채취하는 것은 불법이다. 그러니 필자의 12여 년 전 선택은 앞을 내다보는 판단이었고 잡초를 작물로 보는 역발상적 조치였음이 입증되었다. 잡초 2호는 달맞이꽃(야견화)이다. 뉴질랜드 여행 갈 때 주변에서 달맞이 기름을 사 오라는 말을 하였다. 달맞이기름은 혈액순환에 효과가 있고 면역력을 증강하고 노화 방지에 효과가 탁월한 기름으로 식물성 기름 중 가장 고가로 거래되는 기름이다. 필자의 500여 평의 밭에는 이미 달맞이꽃으로 가득 차 있다. 잡초를 작물로 재배하는 시도는 계속될 것이다. 잡초는 자생력이 강하여 흙이 있는 곳이면 어느 곳에서든 돌보지 않아도 잘 자란다. 최근엔 더 강한 잡초들이 등장하여 흙이 없는 곳에서도 자란다.

소기업도 잡초와 같은 자생력을 갖춘다면 세상 무서울 것이 없을 것이다.

잡초 속에는 건강에 좋은 효능을 가진 식물이 대부분이다. 우리의 건강을 지켜주는 고마운 존재이다. 코로나 이후 소기업과 자영업이 몰락하고 있다. 이들도 잡초와 같은 존재이다.

중소기업을 살리려면 각종 규제는 혁파하는 일부터 시작하여야 한다. 규제 하나 만들면 시행령은 수십 개가 따라붙는다. 시행령이 곧 중소기업과 자영업을 죽이는 독약이다. 공직자들은 밥그릇 챙기고 자기 자리 유지하기 위해 규제의 칼을 휘두르는데 그 칼끝에 죽어가는 자영업과 소기업을 하는 사람들은 그들의 부모이거나 이웃이다. 규제만 풀어도 잡초와 같은 중소기업과 자영업이 살아날 수 있다. 회생 지원금을 수십만 원씩 줘 봐도 기업은 살아날 수 없다. 자생력을 키우도록 도와주면 빚내어 기업 살리려는 노력 하지 않아도 살아날 수 있다.

(22년 04월 14일)

소하천(실개천) 준설 지속되어야

비가 내리면 자연발생적으로 생기는 실개천으로 흘러들고 실개천이 모여 소하천이 되고 소하천이 모이면 강이 된다. 실개천과 소하천에 물이 마르지 않으면 가뭄에도 주변 농토에 물 공급을 할 수 있어 안전적으로 농사를 지을 수 있다.

전 국토에 실핏줄처럼 얽혀있는 실개천과 소하천에 물고기가 사라진 지 꽤 오래됐다.

물도 흐르지 않는 곳이 대부분이다.

잡초가 무성할 뿐 그곳엔 각종 쓰레기가 쌓여 악취마저 진동하고 있는 곳도 허다하다. 개천에 토사가 쌓여 천정천이 된 곳도 많다.

폭우가 쏟아지면 흙탕물이 순식간에 넘쳐 논, 밭은 물론 도로를 덮어 버린다.

지방자치 단체가 농한기를 활용하여 개천 준설을 요구하는 칼럼을 주기적으로 쓰고 있다.

　실개천과 소하천은 자치단체에서 관리하고 있다. 자치단체마다 개천을 준설하고 활용방안을 세워야 한다.

　개천을 준설하여 물이 흐르면 물고기들이 다시 자라게 될 것이고 폭우가 쏟아져도 홍수 걱정 없어진다.

　개천의 무한한 자원을 활용하는 방안이 나와야 한다. 이명박 정권 시에 한 4대강 사업을 지금도 반대하는 사람들이 있지만 여러 번 폭우에도 4대강 주변은 비교적 안전했다.

　청계천 하나 복원한 위력이 대통령 후보의 핵심 지지 효과가 되기도 했다.

　전국의 강과 소하천 그리고 실개천을 원상태로 복원하면 한국의 기적이 또 하나 생기는 것이다.

　지자체가 눈을 떠야 가능한 사업이지만 전 국민이 관심을 두고 실개천 되살리기 운동을 시작해야 한다.

　실개천 살리기 운동은 제2의 새마을 운동이 되고 우리 경제의 원동력이 되어 한국은 또 한 번 세계의 이목을 집중시키고 수백만 관광객이 전국 방방곡곡을 찾는 날이 올 것이다.

　우리는 아직 관광에 눈을 뜨지 못하고 있다.

　고궁이나 위락시설만을 관광 자원으로 생각하고 있다.

소하천과 실개천 그리고 산을 잘 활용하면 교통, 관광, 양식, 놀이터 등 다양한 분야로 경제적 효과가 나타날 수 있다. 대마도에는 바닷물이 시내 중심까지 들어오도록 하여 밀물 때는 물고기까지 같이 올라와 장관을 이루고 개천 양측 면 석축엔 조선통신사행차도를 전시하여 한국 관광객의 마음을 사로잡는다.

실개천 경제가 성공한다면 주민의 안전과 소득증대는 물론 관광 수입 또한 폭발적으로 증가할 수 있는데 그 가치를 모르고 방치하고 있는 것이다.

비만 오면 늘 걱정하는 개천의 범람도 옛날이야기가 되는 때가 빨리 오기를 기대해 본다.

소하천 준설은 건설 현장 비수기에 하는 것이 좋다. 세워놓은 장비도 활용하고 농촌인력을 사용하여 농한기에 농가 수익을 올릴 수 있어 좋다. 준설은 매년 지속해서 실시해야 효과가 있을 것이다.

(22년 04월 08일)

규제 혁파는 정권 초기에만 가능하다

모든 중소기업이 빚더미에 깔려 압사 직전이다.

코로나 장기화로 자영업과 중소기업 살리겠다고 돈 퍼주어 모두 빚쟁이로 전락했기 때문이다.

중소기업 살리겠다는 새 정권에 대한 기대가 매우 크다. 자금 지원으로 중소기업 살리겠다는 발상만은 버려야 한다.

자금 지원은 은행에 맡기고 정부는 정권 초기에 규제 모두 철폐하고 기업하기 좋은 환경을 조성하는 데 집중적으로 지원해야 한다.

중소기업은 개똥참외와 같아서 그대로 놔두면 살 놈 살고 죽을 놈 죽도록 놔둬야 한다.

천신만고 끝에 살아남는 놈들이 빛을 발하게 된다.

하루에도 수많은 기업이 생성되고 퇴출당하는 것이 중소기업뿐 아니라 모든 분야가 같다.

관료들은 이 같은 원리를 전혀 모르고 책상에 있는 법규집만 들여다보고 있다. 그들에게 주어진 도깨비방망이(규제집)는 공직자의 최고의 무기이고 철밥통도 방망이 잘 놀려야 유지될 수 있기 때문이다.

어떻게 기업을 옥죄어 볼까만 골똘히 생각하고 있어서는 중소기업 문제는 해결되지 않는다.

그러니 중소기업이 맘 놓고 일할 수 있게 각종 규제를 풀어주어야 한다.

큰 틀 속에서 가장 자유롭게 사업할 수 있도록 자질구레한 법령들을 모두 없애 버리거나, 무시하고 기업자 처지에서 업무를 처리하면 된다. 기회는 정권 초기뿐이다.

대기오염, 안전사고, 탈세 등 꼭 규제하고 감시해야 할 품목을 머릿속에 외우고 실천하도록 하며 기업인도 꼭 지켜야 할 일은 반드시 지켜야 살아남는다는 의식이 있어야 한다.

불법과 편법으로 해결하려는 생각이 오랜 관행이지만 이대로는 안 된다.

통 큰 개선 운동이 관료들에게도 사업자 당사자들에게도 필요하다.

(22년 03월 25일)

설명서는 사용자의 시력을 고려해야

봄이 되면서 각종 잡초가 작물보다 먼저 자라나고 있다. 따라서 농약(제초제, 살충제 등)에 관한 관심이 높아지고 있다.

회사를 경영하는 필자는 직원들에게 크게 더 크게 강조하고 다닌다. 글씨 포인트 크게 글꼴은 교과서체나 고딕으로 내용은 짧고 단순하기를 강조하지만, 젊은이들은 깨알같이 써서 늘 지적을 받는다.

젊은이들의 시력은 각자 다르지만 2.0에서 1.2가 보통이다. 그러나 나이가 많은 상사들의 시력은 1 이하~0.6이 보통이다. 필자의 시력도 젊었을 때 2.0이던 것이 점점 약해져서 현재 0.8이다.

시력이 떨어진 노인들에게 깨알 같은 글씨는 장식품에 불과하다. 약국에서 약을 사면 설명서가 붙어있지만 읽을 수가 없으니 약사가 써준 핵심 글에만 의존해야 한다. 농사짓는데 농약은 필수품이다. 농약의 설명서도 깨알 같아 사용법을 알 수 없으니 농약사 주인의 말 한마디를 따를 뿐 사용설명서는 무용지물이다. 그러다 보니 농약의 농도가 자꾸만 높아져 사용자가 중독에 걸릴 수 있고 독한 약재 때문에 작물도 죽을 수가 있다. 점점 독해지는 농약에 대한 내성이 생겨 적정량을 살포하면 효과가 없게 된다.

처음부터 약의 독성과 부작용 등을 잘 알고 적정량을 살포하려면 사용자가 정확히 알아야 하는데 깨알 글씨를 읽을 수 없으니 적당히 알아서 배합하게 되는 악순환이 계속되는 것이다.

각종 설명서는 주 사용자의 연령층에 맞게 글씨 포인트를 조절해야 한다. 지면이 커지고 늘어나는 문제가 있다면 핵심 사항만이라도 큰 글씨로 표기해주면 오남용으로 인한 각종 부작용을 막을 수 있고 병해충이나 잡초의 내성도 생기지 않게 할 수 있을 것이다.

감독기관이 앞장서서 시정하도록 하면 모르고 남용하여 발생하는 사고도 예방하고 적정량 사용으로 해충과 잡초를 효과적으로 제거할 수 있어 좋을 것이다.

(22년 03월 18일)

임도를 확장하여 산불 조기 진화

우리나라 국토의 70%는 산이다. 한때는 산 대부분이 민둥산으로 이용 가치가 전혀 없는 쓸모없는 땅으로 비가 올 때마다 토사가 밀려 내려와 강을 메꾸고 논을 덮쳐 폐허로 만들 때가 많았다. 일제 강점기엔 입산금지정책으로 산에 들어갈 수 없었다. 해방 후 혼란기에 큰 참나무는 숯으로 일반목재는 땔감용으로 남벌하여 민둥산이 되었다.

박정희 대통령 때 식목 행사를 대대적으로 벌였지만 어린나무가 자라기도 전에 벌채하여 땔감으로 썼고 큰 소나무는 송충이 피해가 심각하여 학생들은 수업을 단축하고 송충이 잡기에 동원되기도 했다. 산이 푸른 옷을 입기 시작한 것은 한참 후의 일이다.

식목 효과도 있었지만 가장 큰 효과는 난방 수단의 변화였다.

나무와 낙엽에 의존하던 난방이 연탄으로 바뀌면서 나무가 자라기 시작했고 연탄에서 유류 난방으로 바뀌었다. 지금은 유류보다 전기난방 비중이 점점 높아지고 있다.

자연스럽게 산에 들어갈 이유가 없어진 것이 녹화를 앞당긴 진짜 이유이다. 산림은 점점 우거지고 낙엽이 쌓여 출입할 수 없을 정도다.

최근 일부 앞을 내다보는 산주들이 자치단체의 지원을 받아 수종 개량(편백나무)에 나서고 있어 희망적이지만 수종 교체를 빌미로 곳곳에서 남벌이 눈에 띈다.

아름드리나무가 자란다면 맑은 공기를 맘껏 마시며 아름다운 경치도 감상하고 덤으로 수입에 의존하는 목재를 자급자족할 수 있어 좋다.

산은 우리 삶에 없어서는 안 되는 귀중한 자산이고 삶의 터전이다. 그러나 산을 잘 이용하는 정책은 아직 없다. 등산객의 전유물처럼 느껴질 뿐이다. 앞으로는 임도를 개설하여 노약자나 장애인도 산에 오를 수 있도록 하면 좋겠다.

임도를 넓히고 포장하여 산 정상까지 차량이 올라갈 수 있도록 하여 산불 발생 즉시 소방차가 들어갈 수 있도록 해야 한다. 임도를 확장하여 울진, 동해, 강릉, 산불 같은 큰불도 조기 진화하여 인명피해와 재산피해 및 산림을 보존할 수 있도록 해야 한다.

아름다운 금수강산을 국민 모두는 물론 세계인도 같이 누릴 수 있는 때가 빨리 오도록 해야 한다. 다만 많은 차량이 내뿜는 매연으로 인한 피해가 없도록 하루 입산할 수 있는 차량수를 조절하고 통행료도 징수하여 자연환경을 훼손 없이 보존하도록 운영과 관리 감독을 철저히 해야 한다.

(22년 03월 10일)

새벽에 2시간 집중적으로 일하면
낮에 8시간 일하는 것과 같은 효과가 있다.
새벽시간을 활용하는 사람은
인생을 2배로 늘려 사는 사람이다.

(김형주의 아침2시간 중)

칼끝을 자르자

2006년 고 노무현 대통령은 어린이 놀이터에서 사고가 자주 발생한다며 특별지시를 하셨다.

「놀이시설의 위험 요소를 모두 제거하는 특별법을 만들라고」

놀이시설 안전관리법은 2년여 준비 끝에 2008년 1월부터 시행되었다. 주된 내용은 ① 날카로운 부위를 둥글게 ② 돌출부위 없도록 ③ 머리나 발목 들어가지 않게 등 상식적인 것들이지만 시행과정은 순탄치 않았다. 놀이터에서 발생하는 안전사고가 크게 줄었다. 최근 수년간 칼부림으로 인한 살인사건이 지속해서 발생하고 있지만, 흉기로 인한 사고를 예방하기 위한 법률이나 행정 조치는 전혀 없다. ① 말다툼 끝에 분을 참지 못해서 ② 금전 문제로 다투다가 ③ 가족 간에 재산 문제로 ④ 연인 간에 결별 문제 등 감정조절이 되지 않아 발생하는 사고가 계속되고 있다. 늦었지만 흉기(칼) 사고를 줄이기 위한 노력이 필요하다.

법을 통하지 않고 간단히 그리고 즉시 시행하는 방법이 있어 제안한다. 현재 가정에서 사용하고 있는 모든 생활용 칼끝을 절단하는 일이다. 법 절차도 필요 없고 경비도 들지 않는다. 지자체장의 행정명령이나 자치단체 또는 아파트 단위로 칼끝을 자르기 행사를 하면 된다.

다음 단계로는 칼 제조회사와 판매업체를 통한 생산 및 판매과정에서 끝이 뭉뚝한 칼만 유통되도록 하여 살인 사고부터 막도록 하여야 한다.

생활 습관은 쉽게 고쳐지지 않는다. 미국에서 매일 발생하는 총기사고도 막지 못하고 있다. 총기를 소지해야 안전하다는 논리 하나로 전 국민이 총기를 소지하도록 하고 있지만. 총기사고로 죽는 사람이 너무 많이 발생하고 있다.

일시적 감정을 조절 못 해서 발생하는 사고부터 막는 일에 모든 국민이 동참해야 한다. 모든 사고를 법으로 막을 수 있다는 생각부터 버리고 생활 속에서 발생하는 작은 사고부터 줄여나가는 「생활 안전 운동」이 필요한 때이다.

칼끝을 절단하는 것은 경비도 들지 않고 법도 필요 없으며 준비 기간도 필요 없다. 내일부터 당장 실시할 수 있는 안전사고예방 노력부터 하면 좋겠다.

(22년 03월 03일)

택배가 가장 큰 역할 한 코로나 정국

코로나19가 나타난 지 햇수로 4년째 되고 있다. 올해 여름쯤 되면 마스크 쓰지 않고 각종 공연장이나 모임에도 자유롭게 나갈 수도 있을 것이다. 그동안 코로나로 오갈 수 없었으니 물건을 보내고 받는 것조차도 쉽지 않았겠지만, 대기업이 택배 사업에 참여하면서 생필품을 구매하는 일이 더 편리해졌다.

코로나로 덕 본 대표적인 분야는 택배업일 것이다. 과거에 물건을 사고팔 때는 사람이(당사자) 직접 가서 고르고 대금을 치르고 직접 운반까지 해야 했다. 지금은 주로 광고를 보고 온라인 송금으로 대금결제가 되고 입금 확인 즉시 배송이 이루어지는 세상이 되었다.

택배회사만 좋은 건 아니다. 일자리 없던 젊은이(운전은 잘하는)들의 새로운 직장(직업)이 생겼으니 그들에게도 좋은 일이다. 소비자 또한 앉아서 가장 이른 시간에 필요한 물건을 구매할 수 있어 좋다. 모두에게 좋은 택배가 새로운 사업으로 자리 잡은 것은 코로나 덕분이다.

코로나로 많은 사람이 고통받고 있지만 한 편에서는 돈 잘 버는 기업이 생겨나고 앉아서 편리하게 구매하는 소비자가 있고 앉아서 주문받고 배달 업체에 위탁하는 사업으로 변했다. 모두에게 편리한 세상이 되었으니 이런 사회가 곧 택배 천국이다. 다만 택배노조의 장기파업으로 비노조원의 생계가 곤란해지는 문제는 정부가 신속 대응해야 할 것이다.

세상 사람들은 빠른 것을 좋아한다. 통신수단이 그들을 만족시키고 있다. 운송업체들도 그들을 만족시키기 위해 밤낮없이 뛰고 있다. 과거엔 1주일 이상 걸리던 물건이 주문 당일에도 도착이 된다. 더 빨리 1초라도 빨라야 더 많은 수익을 내는 초고속 시대로 변신에 변신은 계속되고 있다.

지금은 자동차와 오토바이 배달 시대이지만 앞으론 드론과 로봇이 그들의 업무를 대신하는 시대가 될 것이다. 배달로 생계를 꾸리던 라이더(배달 기사)들에게 또 다른 위기가 올 수 있으니 현재에 만족하지 말고 미래의 직업을 준비해야 할 것이다.

(22년 02월 18일)

적폐 논쟁 지우고 치적 경쟁을

세계적인 치적을 남긴 지도자를 살펴보면 (1) 고대 중국 진시황의 만리장성은 적군을 효과적으로 막아내는 중국 역사상 최고의 치적으로 자랑하고 있다.

(2) 조선의 세종대왕(4대)은 한글을 창제하여 백성들이 쉽게 배우고 활용하여 생활할 수 있는 제도를 만들었는데 세계에서 통용되는 수백 개의 글 중 가장 우수하다는 평을 받고 있어 최고의 치적을 남긴 왕으로 추앙받고 있다.

(3) 미국의 후버대통령(31대)은 미국에 닥친 대공황을 탈출하기 위해 후버댐(코로나도 강을 막아 만든 댐)을 건설하였다.

몽골 칭기즈 칸이나 프랑스 나폴레옹은 당대의 영웅이었지만 상대방에게 큰 피해와 고통을 준 지도자이어서 치적으로 평가할 수 없다.

역대 대통령 중 박정희 대통령의 중화학공업, 경부고속도로 등의 사업으로 세계 최빈국 대한민국을 세계 10대 강국의 기틀을 만든 위대한 치적을 만든 대통령으로 기억할 수 있다.

그 외 대통령의 치적은 잘 기억되거나 국민 생활에 이바지한 실적이 미미하니 치적으로 평가할 수 없지만, 이명박 대통령의 4대강 사업은 현재는 찬반 논쟁이 지속되고 있지만 먼 훗날 작은 치적으로 평가될 수 있을 것이다.

차기 대통령부터는 5년 후 퇴임 때 그 이름을 후대에 남길 치적 만들기를 시작해야 한다. 국민 다수의 제안이나 공약을 발표하고 퇴임 시 치적으로 나타날 수 있는 일을 하도록 하는 관행을 만든다면 각 부 장관도 단체장도 회사대표는 물론 가장들까지 자기 치적 만들기에 관심 두고 실천하며 살아가는 훌륭한 전통으로 정착될 것이다.

이참에 차기 대통령들이 내세울 만한 치적 쌓기 예를 들어 본다면

① 육지와 제주도를 잇는 해저터널 건설

② 중국 산둥반도를 잇는 해저터널로 내 차 타고 대륙여행 하는 시대

③ 부산 거제도와 대마도를 잇는 터널 건설로 일본과의 경

제, 문화교류 확대

④ 해상도시 건설

⑤ 백두대간 하늘 고속도로

⑥ K팝, K푸드, K전투기, K진단키트, K백신을 통하여 세계 시장을 석권하는 K브랜드 만들기 사업 등을 생각해 볼 수 있다.

대선을 앞둔 후보들의 공약이 쏟아지고 있지만, 자치단체장이나 할 자질구레한 것들이어서 안타깝다. 여야정간에 벌어지는 적폐 논쟁 같은 것은 이제 그만해도 유권자들이 알아서 선택할 것이다.

(22년 02월 11일)

자신이 해야 할 일을 결정하는 사람은
세상에서 단 한 사람, 오직 나 자신뿐이다.

–오손 웰스

새롭게 바뀌는 교통 환경들

필자가 수십 년간 칼럼을 쓰면서 가장 많이 되씹는 메뉴는 교통 여건 개선에 관한 것이다. 예를 든다면 ① 고속도로의 갓길 통행과 ② 변두리 네거리 회전교차로와 ③ 울릉도 비행장 개설 등이었다. 그 중의 가장 활성화된 것은 고속도로 갓길 활용이었다. 초창기 반대도 심했지만, 날이 갈수록 차량은 늘어나고 도로 확장에 드는 비용 문제와 식량을 공급하는 농토의 축소 문제를 건드리지 않고 차량흐름을 조절하는 갓길 활용이다. 경부고속도로 일부 구간과 서해안고속도로 일부 구간에서 시작된 갓길은 전국의 고속도로로 확대하고 있다.

다음으로 많이 주장했던 로터리 문제도 날이 갈수록 확대되어 이제는 전국 어느 곳에 가도 없는 곳이 없고 확산 속도도 아주 빠르게 진행되고 있다. 수십 년간 환경영향평가의 벽에

부딪혔던 울릉도 비행장도 곧 개항이 되리라 믿고 있다. 울릉도 비행장은 독도문제와 연결되어 있다. 울릉도 비행장이 개설되면 제주도에 이은 내국인의 관광지로 주목을 받을 것이다. 부수적 효과가 기대되는 것도 있다. 울릉도 관광차 왔던 중국 관광객과 일본 수학여행단이다. 그들이 울릉도에 온다면 지척에 있는 독도를 가볼 수 있는 좋은 기회가 된다. 특히 일본 학생들이 독도를 가본다면 그들 정부가 지속해서 주장하고 있는 독도 영유권 문제가 쉽게 해결될 수 있다.

일본이 주장하는 다케시마가 사실은 한국령 독도라는 사실을 직접 보았기 때문이다. 일본이 아무리 자기네 땅이라 주장해도 실제로 지배하고 있는 것은 한국이라는 사실을 그들은 직접 보았기 때문에 정부의 주장이 허구라는 것을 알고 그들이 성인이 되어 정치에 참여할 때 허무맹랑한 주장은 하지 않게 되기 때문이다.

이 외에도 차량흐름에 관심을 끌게 된 것은 만리포 해수욕장 개장 때 쓴 칼럼이다. 1960년대 후반부터 바캉스 붐이 일었다. 전국에 해수욕장 개장 붐을 타고 만리포해수욕장에 오는 차량이 수백 대씩 먼지를 풀풀 날리며 달렸다.

정부(지자체)가 하는 일은 길가에 가로수를 심는 일이 다였다. 가로수보다 급한 것은 도로의 확장이라는 필자의 칼럼이 주요 신문에 발표된 후 도로가 확장되기 시작하는 것을 본 후 도로 문제를 본격적으로 쓰는 계기가 되었다. '꼬부랑 길 곧 게', '돈 안 들고 차선 2배 넓히기', '준설토로 강둑보강 고속도로', '강상고속도로', '이층고속도로', '백두대간 고속도로', 한중한일 해저터널', '내 차 타고 중국대륙 달리기', '개성에서 단둥까지', 등 20여 년간 수많은 칼럼을 썼지만, 위에 소개한 3가지는 오래오래 전 국민이 혜택받는 도로혁명이 될 것이다.

(22년 02월 03일)

밑에도 아름다운 꽃처럼 그 색깔을 지니고 있다
나이가 들어감에 따라 그윽이 풍기는 그 사람만의 향기가 있다

(E. 리스)

법으로 사고 못 막아

공장이나 건설현장에서 지속해서 사고가 발생하여 많은 근로자가 희생되는 일이 수십 년 되풀이되고 있다. 국회가 중대재해법을 만들어 시행에 들어갔다.

국회의원의 주 임무는 법률안을 발의하여 확정시키는 일이다.

그 외에도 국정감사를 통해 행정부를 견제하는 일 등 다양하지만 법을 제정하는 일을 하는 사람으로 모두 알고 있다.

그런데 법을 만들기만 하면 모든 것이 잘 이루어지고 수시로 발생하는 안전사고도 막을 수 있다고 생각한다. 법안을 많이 발의하는 국회의원을 능력 있는 국회의원이라 생각하는 것이 일반화되어 있다. 그러나 국민 삶의 고통을 주고 기업 활동을 위축시키는 역기능은 생각하지 않는다.

필자는 법률제정, 개정, 폐기 중 폐기 발의를 많이 하는 국회의원이 많아야 하고 그 실적이 많을수록 유능한 국회의원이며 기업이 활발하게 움직이도록 돕는 참일꾼이라 생각한다. 새로 생기는 중대재해법이 사고를 줄이는 데 도움이 될 수도 있지만 기업 활동을 위축시켜 국제경쟁력을 약화하고 일자리를 없애는 반작용은 생각하지 않고 있는 듯하다.

법률이 하나 제정되면 그에 따른 시행령 및 조례가 수십 가지씩 늘어나서 국민과 기업에 불편을 주고 수십 가지 시행령과 조례로 제한하고 위반하면 벌과금을 부과하거나 형벌을 받게 하여 결과적으로 생활이 불안정해지고 기업 활동이 자유롭지 못하게 된다. 지금 자영업과 소기업 수백만 개가 파산하고 남아있는 기업들도 빈사 상태다. 모든 분야에 규제가 심해 전문업체에 의뢰해야 하므로 비용이 산더미처럼 늘어난다. 세무는 세무사에, 노동은 노무사에 안전진단도 산업안전 전문업체가 각종 인증도 정부산하기관이 해주면서 지나치게 높은 수수료를 챙겨 경영난이 가중되고 있다.

규제를 양산하고 기업 활동을 위축시키는 법 제정보다 불합리하고 당리당략에 치우친 법령들을 폐기하는 일에 눈 돌릴 때가 되었다.

지속해서 개정에 개정을 거듭하여 누더기 법률이 되면 제정자도, 시행자도, 이행자도 잘 모르는 걸레법(누더기법)이 되고 만다.

개정이 필요하면 개정하지 말고 폐기한 후 현재의 여건에 맞게 새로 제정하면 된다.

경제 상황과 작업환경은 계속 변한다. 법도 경제발전, 사회 변화에 맞게 바뀌고 없어져야 한다.

그러므로 그때그때 상황에 맞게 제정하면 현실에 맞기 때문에 폐기에 거부감을 느끼지도 않을 것이다.

기존 누더기 법률과 그에 따른 시행령, 조례 등을 과감히 폐기하여 보다 자유롭고 부담 없이 기업을 영위할 수 있도록 하고 불편 느끼지 않고 살아가도록 해야 한다.

공사장이나 공장에서 발생하는 사고는 법을 강화하는 것만으로는 막을 수 없다. 근로자가 기쁜 마음으로 출근하도록 집에서 돕고 직장에서는 잘 정돈된 장소에서 동료 간 정보교환을 충분히 하면서 무리하지 않게 작업을 진행하는 환경을 조성하는 것이 법으로 강제하는 것 보다 사고를 줄이는 길임을 알고 실천하여야 한다.

(22년 01월 27일)

짧고 단순하게

2022년은 흑범이 내려왔지만 어둡게만 느껴진다.

경제도 먹구름 속에서 벗어나지 못하고 있고 정치권은 진흙탕 싸움으로 짜증스럽다. 뭐하나 희망적인 것이 없어 보이는 해다.

사람들은 연말연시가 되면 희망이 부풀어 오르고 장밋빛 희망으로 가득 차는 시기인데 올해엔 그런 기운이 보이질 않아 답답하다.

그래도 새해는 이미 한 달 가까이 지나가고 있다.

금년도 거창한 목표는 줄이고 짧게 단순하게 잡아 작은 것 하나라도 성취하며 기회를 잡는 지혜가 필요하다.

어린아이에게 장래 희망을 물으면 대통령, 장군이지만 중·고등학생에게 장래 희망을 물으면 좋은 대학이 꿈이다.

대학생에게 물으면 취직이고 노인에게 물으면 건강이다.

크고 화려한 꿈에서 점점 현실적이고 단순해진다.

점점 작아지고 좁아져 큰 꿈을 꿀 수 없는 세상에 살고 있다. 욕심만 있어서 버리지 못하고 한해, 한해 보내다가 세상을 떠나는 것이 보통 사람들의 삶이다.

삶의 틀을 바꿔보는 것은 어떨까!

계획은 작게, 실천은 짧고 단순하게 결과 확인은 즉시 이루어지도록 삶의 틀을 바꾸는 해로 정해보기를 권한다.

건설 현장에서 대형 사고가 발생했다.

보통 5년 정도의 공사 기간이 있지만, 공정관리에 소홀하여 큰 사고로 이어진다.

5년 내내 지나치게 까다로운 감리 때문에 질질 끌다가 준공 임박해서야 부랴부랴 서둘러 마치려고 엄동설한에도 공사를 진행하고 있다.

빈들빈들 놀다가 시험 임박해서 밤샘하는 학생들도 있다.

일정은 짧게 짧게, 공정을 쪼개서 관리하고 확인하는 시스템이 필요하다.

필자는 90년대 초, 초 관리 운동을 시작하였다.

삼원정밀이라는 회사와 같은 시기에 시작하였지만, 업종이 조경, 건설업종이라서 필자의 회사에서는 빛을 보지 못하고 제조회사 삼원정밀만 빛을 보았고 삼성그룹에서 이를 실천하여 세계적인 기업이 되었다.

그래도 30년을 한결같이 실시하고 있다.

개개인의 달성도는 정확히 알 수 없지만, 하루하루 목표는 확인할 수 있다.

2022년엔 전 직원이 시간대별 목표를 세우고 확인하도록 교육하고 있다.

쉬운 일은 아니지만, 목표도 모르고 하는 일과는 큰 차이가 있을 것으로 생각한다.

2022년을 짧고 단순하게 설계하여 목적을 달성하는 해로 정하여 작은 것 하나라도 실천해보도록 권한다.

(22년 01월 20일)

가난은 가난하다고 느끼는 곳에 존재한다.
—에머슨

순환형 임대주택으로 임대료 안정, 투기도 막을 수 있다

※순환형임대 주택이란?

서울시가 2010부터 시행하려 했던 제도로 미리 확보한 임대주택을 재개발사업이 완료될 때까지 저소득 세입자에게 공급하는 제도이다. 재개발이 완료된 후 재입주하면 비어있는 임대주택은 또 다른 개발지구의 세입자가 입주하는 제도이다.

순환형 임대주택은 대도시의 동북, 동남, 서남, 서북권 등 4개 권역에 나눠서 짐일 수 있다.

서울시가 계획했던 순환형 임대주택은 계획으로 그쳤다. 계획대로 실행되었다면 지금 겪고 있는 임대료 대란은 없을 것이다.

지도자의 의지에 따라 민생에 미치는 영향은 대단하다. 지나치게 치솟은 아파트 가격과 임대료 급등은 서민들에겐 지옥

이고 희망 없는 삶이다. 늦었지만 2010년에 계획했던 순환형 임대주택제도를 2022년부터 부활해야 한다. 올해는 대선이 있는 해로 후보자마다 주택정책을 쏟아 내고 있지만, 근본적 대책이 나올지는 의문이다.

필자는 오래전부터 준아파트급 고층연립주택을 주장했고 12년 전에 제안했던 순환형 임대주택이 현실화할 때까지 제안해 본다.

한강 하구엔 광활한 고수부지가 있다. 파주와 고양시 접경에 방치되고 있는 이 지역을 임대주택 단지로 개발한다면 50만 – 100만 호를 저렴한 비용으로 지을 수 있다. 도심 재개발이나 재건축이 있을 때마다 해당 지역에 살던 사람들이 2~3년간 임대주택으로 이사해야 하는데 지금과 같은 고가의 임대료를 감당할 수 없으며 입주할 물량도 없는 실정이다. 파주 고양 접경지역의 고수부지를 매립하여 고층(10층 내외)의 조립식 주택을 건설한다면 입주 시기도 크게 난축할 수 있고 서울과 같은 대도시에서 재건축, 재개발이 있을 때마다 큰 혼란과 고통 없이도 해결할 수 있는 가장 좋은 제도가 될 것이다. 개발 시작 때 임시 입주(2~3년)한 후 개발이 완료되면 부담 없이 살던 곳으로 들어가고 그 자리에는 다른 개발이 시작될 때 또 다른 주민이 들어가는 순환식 주택단지가 되므로 투기도 사라지고 주거안정도 되고 큰 부담 없이 자연스럽게 재개발, 재건축이 이루어지는 제도이다.

　주택의 여유가 생긴다면 청약을 기다리는 무주택자에게도 저리로 임대할 수 있어 주거 안정은 물론 주기적으로 일어나는 투기도 사라질 것이다.

(22년 01월 14일)

가장 현명한 사람은?
모든 사람으로 부터 배울 수 있는 사람이고,
가장 사랑받는 사람은
모든 사람을 칭찬하는 사람이고,
가장 강한 사람은
자신의 감정을 조절할 줄 아는 사람이다.

(탈무드 중)

각종 단체와 언론의 자정 노력 필요

시민단체와 언론 각종 위원회가 우후죽순처럼 늘어나고 있다. 이들은 모두 비생산적 기구이며 각종 이권에 개입하기 쉬운 단체이다.

그 결과 각종 단체의 순기능보다 역기능이 점점 증가하고 있어 또 하나의 사회 문제가 될 전망이다.

원래 취지대로 돌아갈 수 있도록 자정 노력을 기울이든가 아니면 허가제로 전환해야 할 것이다.

오랜 기간의 군사 독재 정권하에서 억압받던 민중이 자유를 만끽하고 있는 것은

시민단체와 언론의 역할이 컸다.

그러나 순기능을 상쇄할 정도로 역기능 또한 과소평가할 수 없는 상황이 되고 있다.

음식물처리장, 쓰레기처리장, 폐기물처리시설 등 필수시설마저도 지역이기주의와 시민단체가 합세하여 봉쇄하고 있는 실정이다.

그에 따른 피해는 결국 그 지역주민에게 돌아가고 사업 지연으로 인한 주민 복지 혜택이 줄어들거나 늦어질 수밖에 없다.

어떤 분야든 지나치면 화가 되고, 적당하면 독이 되는 것이 세상 사는 이치다.

스스로 자제해야 하지만 자제력을 발휘하지 못할 때는 국가 권력이 개입해서라도 정상적으로 운영되도록 해야 한다. 한창 진행 중인 대선마저도 정당 간, 후보 간 대립을 부추기는 언론 때문에 하루도 조용한 날이 없고 후보들도 말꼬리 물고 비리 부풀리는 등 논란 때문에 고통 받는 실정이다.

시민단체의 구성은 자기 직장에 충실한 구성원으로 이루어져야 단체의 활동이 건전하고 지역 발전에 이바지할 수 있음에도 직업이 없는 사람들이 직업 삼아 참여하는 경향이 있다. 정치 철새들도 너무 많이 몰려다니며 세상을 혼란스럽게 하고 있다.

모두 건전한 활동이라기보다는 개인의 홍보 활동이나 생계 수단 또는 이익과 좋은 자리를 먼저 차지하려는 행동으로 보인다.

필자도 각종 봉사단체나 시민단체에서 활동한 일이 있지만, 막상 속을 들여다보면 원래 목적과 거리가 먼 것을 느낄 때가 많다.

진심으로 정열적으로 사회와 국가를 위해 봉사 정신을 발휘하는 사람이 전혀 없는 것은 아니지만 작금의 행태들은 집단이기주의에 편승하여 이권 운동이나 압력단체로서 압력을 행사하려는 경향이 있어 지적하고자 할 뿐 시민단체나 정치집단 본연의 활동이나 임무를 폄훼할 생각은 없다.

우선 구성원들의 자성과 단체 리더들의 뚜렷한 목적의식과 정화 노력이 필요하다.

이들의 노력이 없다면 국가가 나서서 조정할 필요가 있다.

(21년 12월 23일)

문제는 목적지에 얼마나 빨리 가느냐가 아니라
그 목적지가 어디냐는 것이다.
―메이벨 뉴컴버

과거는 지우고 미래를 말하는 선거

2022년 3월 8일 실시되는 대선이 약 3개월 남았다. 여야 후보 간에 사전 운동이 치열하게 전개되고 있다. 지지도가 높은 두 후보의 공약이 매일 발표되지만, 머릿속에 쏙 들어오는 공약은 없다. 현재의 문제점과 과거에 대한 비방만 있을 뿐이다.

5년간이지만 나라를 나라답게 더 좋은 삶이나 희망을 주는 공약을 찾아볼 수 없다. 당장 어렵고 힘든 일들을 처리하는 공약도 필요하지만 10년 20년 후의 미래를 내다보는 공약이 필요하다. 역대 대통령들의 많은 공약도 지금과 별로 다르지 않았다. 젊은 세대들의 미래와 우리나라의 미래를 디자인하는 지도자가 필요하다.

국권 피탈 당시 우리의 국력은 보잘것없었고 일본은 막강했다. 힘 앞에 장사는 없다. 일본에 통치권을 통째로 내줄 수밖에 없었고 일본통치하에서 일부 젊은 여성은 위안부로 끌려갔고 남자들은 일본기업과 탄광에 강제로 끌려가야 했다. 1965년 한일 협정도 우리의 요구가 모두 받아들여지진 않았다. 지금 와서 개인 보상을 해야 한다는 우리의 요구를 일본은 받아들일 수 없다. 낙후된 경제를 일으키기 위해서 일본의 요구대로 조약을 맺고 보상금을 받았기 때문이다. 피눈물 나는 과거를 지금도 생각하며 보상을 요구해봤자 그들은 청구권 보상으로 끝났단 말만 하며 협상에 임하지 않는다. 차라리 과거를 잊고 과거에 당한 강제 징용자들에 대한 보상은 우리 정부가 해주고 사과를 요구하는 것이 지금으로서는 최선일 것이다. 주권이 없었을 때 당한 것을 지금 그들에게 요구하기보다는 우리가 먼저 해결하겠다는 역발상을 발휘한다면 일본의 콧대를 꺾으면서 단숨에 해결하여 아팠던 과거를 지우고 새 출발 할 수 있을 텐데!

지금의 젊은 세대들은 북한과 일본에 대한 적대적 감정이 강하지 않다.

쓰라린 과거를 경험하지 않은 세대가 미래지향적일 수밖에 없다. 과거가 있는 노인일수록 젊은이들처럼 미래지향적으로 바뀌는 연습이 필요하다.

미래는 보이지 않아 어떤 현상으로 나타날지 모른다.

기성세대는 과거와 현재만을 보고 살아왔다. 지금부터 생각을 바꿔야 한다. 미래를 내다보며 살아가야 더 좋은 미래, 더 아름다운 미래, 더 안전한 미래를 맞이할 수 있다는 국민 의식이 자리 잡을 것이다. 대선후보들은 과거를 들춰 상대방을 제압하려는 선거방식을 지양하고 후손 대대로 혜택받는 설계를 내놔야 한다.

미래디자인은 아직 시작도 못 하고 있다. 남보다 한발 앞선 미래디자인이 필요하다. 초급 역발상은 남과 반대로 하는 것이고, 중급 역발상은 남보다 먼저 실천하는 것이고, 고급 역발상은 남들이 생각하지 못한 미래를 보고 준비하는 것이다.

고급 역발상으로 상대방의 허를 찌르는 지도자상을 보여야 한다.

좋았던 과거는 물려받되 불행했던 과거는 지워야 아름다운 미래가 보일 것이다.

(21년 12월 17일)

원격의료 시행 서둘러야

과거엔 60살이 되면 모든 친척과 마을 사람들을 초대하여 환갑잔치를 할 정도로 평균수명이 짧았다.

그런데 의료기술이 발전하고 생활 수준이 높아지면서 평균수명이 82세를 넘겼고 100세 시대가 눈앞에 와있다. 그러다 보니 고혈압 환자가 크게 늘고 당뇨병환자가 급증하여 평생 관리해야 할 질병을 앓는 환자가 1,000만 명을 넘겼다.

당뇨병은 한번 걸리면 평생 약을 먹으면서 식사 관리를 해야 하는 병이다. 평상시 크게 아프거나 거동이 불편하지 않아 모르고 사는 사람도 엄청 많은 병 같지 않은 병이다. 코로나가 전 세계에서 맹위를 떨치고 있는 지금 정부와 의료진의 헌신적인 노력에도 코로나 공포에서 벗어나지 못하고 있다. 이번에는 델타 변이에 이어 오미크론 변이까지 나타나면서 더욱 불안해지고 있다.

　그런데 평생 복용해야 하는 약조차도 병원에서는 매달 직접 진료를 강요한다. 진료 시간이라야 길어야 5분 정도고 피 한 방울 빼서 진단키트로 확인하면 끝이다. 원격진료로도 충분히 해결할 수 있는 질병이다. 세계 많은 나라에서 병원 가지 않고 집에서 진료하고 처방받는 원격진료제도가 확대되고 있다.

　우리나라만 원격진료를 시행하지 않고 있어 노인증가율 1 위인 우리나라의 진료비가 상대적으로 많이 들고 많은 시간을 병원에서 낭비하고 있다. 노인이 되면서 많이 발생하는 고혈압과 당뇨 환자들의 의료비 지출을 줄여주고 병원에 오가고 대기하는 시간 낭비를 줄여줄 수 있는 제도가 원격진료제도이다. 코로나 치료에 집중해야 할 의료체계까지 붕괴할 지경인데 원격진료를 막고 있는 기관이 「의사협회」이다. 의사협회는 병원 수입 걱정하지 말고 국민건강과 코로나 퇴치에 앞장서야 한다. 고령자들은 면역력이 약해서 코로나에 걸리면 회복이 힘든데도 고집스럽게 원격진료를 거부하고 정부도 적극성을 보이지 않고 있어 경제적 손실과 노인들의 건강 악화까지 걱정해야 하는 실정이다.

　평생을 관리하는 당뇨병 때문에 매달 정기적으로 병원에 가서 의사의 진료를 받아야 약 처방을 해주는 현행제도를 빨리 바꿔 스스로 수치를 스마트폰으로 찍어 의사에게 전송하면 처방전을 스마트폰으로 보내고 약국에 가서 약을 타오도록 하면 의료비도 절감되고 도떼기시장이 된 병원도 코로나 감염으로 병원 폐쇄하는 등의 불안도 없이 정상화되면서 병원 수입은 줄지 않는 좋은 제도로 정착시켜야 한다.

(21년 12월 09일)

습관적으로 거짓말을 하는 사람은 신뢰를 얻지 못한다.
하지만 인생을 살아가면서 한 번도 거짓말을 하지 않는 사람은
생각지도 못한 곤경에 빠질 때가 있다.
상황에 따라 말을 돌려서 할 필요도 있다.

(로저 에스컴)

골목길과 학교 앞 신호등은 버튼(터치) 식으로

학교 앞에서 어린이들의 사고가 자주 발생하면서 차량 속도를 30Km로 줄이고 있지만 잘 지켜지지 않고 있다. 또한 신호 대기 시간이 길어 체증이 발생할 때도 많다. 보행자가 많지 않은 골목까지 신호등을 설치하여 차량흐름을 막고 이용자도 불편을 느끼고 있다. 안전을 위하는 일에 반대할 수는 없다. 그렇다고 10m~20m 간격으로 많은 신호등을 설치하는 것은 30초 이상 간격으로 섰다 갔다 하며 꼬리를 물고 있어 차량정체의 주범이 되고 있다. 차량이 내뿜는 매연으로 도리어 국민건강을 해칠 수도 있으며 차량흐름이 늦어짐은 물론 보행자에게도 큰 도움이 되지 않는다.

이미 설치된 신호등을 제거할 수는 없지만, 신호체계를 바꾸거나 보행자가 있을 때만 작동될 수 있는 신호 방법으로 바꿀 필요가 있다. 통행량이 많고 보행자도 많은 대로는 현행대로 하되 통행 차량도 적고 보행자도 많지 않은 골목길의 신호등이나 학교 앞에는 보행자가 있을 때만 사용할 수 있는 버튼을 설치하여 필요할 때만 누르고 지나갈 수 있도록 한다면 차량흐름이 원활하며 보행자도 기다리는 불편 없이 편리하게 이용할 수 있어 모두에게 좋을 뿐 아니라 정차 중에 발생하는 매연을 크게 줄일 수 있고 정차 중 공회전으로 소모되는 유류 소모도 크게 절약할 수 있는 아주 좋은 제도이다. 그 외에도 지금의 신호체계는 지역마다 제각각이어서 아주 불편하다. 가까운 구간의 신호체계를 연동시켜 한번 출발한 차량이 몇 구간씩 계속 진행할 수 있도록 한다면 차량 소통이 원활해져 주행 시간도 크게 단축되며 시내 차량흐름이 원활해질 수 있다.

최근 지방을 중심으로 새로 설치되는 통행자가 많지 않은 사거리 교통체계가 많이 개선되고 있다. 사거리에 신호등 대신 원형 로터리로 바뀌면서 일반시민들이 생각했던 것보다 차량흐름도 원활해지고 교통사고도 매우 감소하는 현상이 전국적으로 나타나고 있다. 거리마다 지나치게 많이 설치된 신호등의 정비와 아울러 로타리식 네거리와 학교 앞 버튼식 골목길 신호체계로의 전환이 필요하다.

(21년 11월 25일)

젊은 세대가 감당해야 할 빚부터 갚아야 정상

박근혜 대통령은 비정상을 정상으로 돌려놓겠다고 했지만, 비정상적 운영으로 감옥살이를 하고 있다. 비정상을 정상으로 돌려놓는 일은 쉽지 않다.

호황기에는 모두 정상으로 보이던 현상들이 불황이 시작되면 비정상으로 보이기 시작한다. 빚더미 위에서 방만한 경영을 하면서도 정상인 것으로 생각하던 자치단체장들 그리고 공공기관장들이 많은 것 같다. 일한 대가 보다 몇 배씩 더 받으면서도 정상인 것으로 생각하던 사람들도 있다. 바로 노조위원장들이다. 카드 한 장으로 모든 결제가 이루어지는 편리함 속에서 빚이 늘어나는 것은 까맣게 잊고 살았던 사람들…. 그들은 일반 시민들이었다. 모든 계층 모든 분야에서 비정상적인 현상들을 정상으로 생각하며 즐겁게 살던 사람들이다.

정부의 빚은 기하급수적으로 늘어 세계 1등을 차지했다. 기업마다 부채가 눈덩이처럼 불어나고 있고 가정도 은행 대출이 늘어나고 있다. 늘어나는 빚은 언젠가는 갚아야 한다. 한은에서 금리 인상했고 또 한 번 더 올릴 예정이다. 빚 갚을 것은 계산도 하지 않고 모두 쓰고 보자고 일관하고 있다. 젊은이들이 나서야 한다. 그 빚은 모두 젊은이들이 감당해야 할 몫이기 때문이다.

정부는 방만한 기구를 축소하고 공무원 증원을 중단하여 세금 낭비를 줄여나가며 세금이 많이 걷히면 빚부터 갚아나가야 하는데 여당의 대선후보는 퍼주는 데만 열 올리고 있다. 농촌에는 일할 사람이 없다. 마을마다 인구는 계속 줄고 평균연령이 70세 이상으로 고령화되었다. 이동할 사람도 없는데 빈 버스만 계속 돌아다니고 있다.

경기 침체로 상점들이 계속 문을 닫고 있지만, 대책이 없고, 아파트는 계속 지어도 집 없는(무주택) 서민은 늘어만 가고 있다. 수십, 수백 채씩 가진 다주택자들의 아파트를 팔 수 있는 정책이 필요하다.

언젠가는 아파트값이 폭락할 것이다. 폭락을 대비하도록 지속적인 홍보와 보완책도 필요하다. 주식이 폭등한 후에는 폭락이나 조정이 오는 것은 상식이다. 그런데도 폭락은 대비하지 않고 투기에만 열 올리고 있다.

가상화폐(코인)가 폭등하니까 너도나도 빚까지 끌어모아 달려들었다. 폭등할 때는 모두 돈 벌었다 자랑하지만 폭락한 후엔 손해 보았다는 사람은 나타나지 않는다.

요즘 세상은 요지경이다. 정상적인 것을 찾아볼 수 없다. 비정상은 반드시 정상으로 돌려놓아야 한다. 잘못된 것 비정상적인 것이 모두 정부 탓이고, 상대방 탓이라 해도 해결되지 않는다.

모든 기관과 모든 부서의 구성원들이 하나하나 시정해나가야 한다. 복잡한 것은 단순화하고 방만한 것은 축소하고 불필요한 기구는 폐지하거나 통합해야 한다. 이대로 미적대다가는 세계 10위 경제 강국이 빈국으로 전락할 수도 있음을 우리 모두 깨달아야 한다.

(21년 11월 18일)

감투<ruby>轡頭</ruby> 공화국

감투는 원래 머리에 쓰는 의관(모자)의 하나를 감투라 했으나 벼슬이나 직위를 이르는 말이다. 사람은 누구나 감투를 좋아한다. 이권이 있는 자리일수록 치열하게 다툰다. 그러나 그 자리는 너무 경쟁이 심하고 때로는 줄이 있거나 돈이 있어야 하는 자리가 많다. 보통 서민들에게는 감히 꿈도 꿀 수 없는 자리이다. 대선을 앞두고 예비 경선부터 이 캠프 저 캠프에 머리를 내밀려는 사람이 많았다.

본경선이 시작되면서 유력후보의 캠프에 들어가기 위한 치열한 감투 경쟁이 벌어지고 있다. 당선만 되면 한 자리를 차지할 수 있고 막대한 권한과 이권까지도 생길 수 있기 때문이다.

감투싸움은 이곳에만 있는 것이 아니다. 아주 작은 기초집단에서부터 시작된다. 몇 안 되는 소규모(5인 정도) 모임에도 회장, 부회장, 총무, 감사 등 모든 구성원에게 감투가 씌워진다.

막노동 현장에서 일하는 근로자에게도 감투가 필요하다. 필자의 회사에 근무했던 한 근로자로부터 청이 들어왔다. "사장님 저에게 반장이라 불러주면 안 되겠습니까?" 돈 안 들고 부담 없는 감투이니 선뜻 응할 수밖에….

이렇게 모든 사람에게는 크고 작은 감투가 필요하다. 당파싸움이 수백 년 지속되고 있다. 조선 500년은 당파싸움이 가장 심했던 것 같다. 지금도 당파싸움은 계속되고 있다. 승리하는 쪽에 막강한 권한과 부가 따르는 감투 자리가 많기 때문이다.

고위 관직은 고위 관직대로 매력이 있지만, 말단 관직은 물론 이권이 별로 없는 사설 단체 의장 자리 하나라도 더 차지하려고 머리 터지게 몰려드는 현상은 한국만의 병적 현상일 것이다.

그 자리가 순수하게 봉사만 하는 자리라면 서로 피하여 모시러 다니는 현상이 벌어질 법도 한데….

봉사는 형식이고 뒷전인 채 권력을 휘두르고 이권 따먹기 수단인 감투!

오늘날 우리 사회의 감투 따먹기 전쟁은 언제 사라질지?

수백 년 수천 년 내려오는 감투 따먹기 전쟁을 하루아침에 모두 없앨 수는 없다.

　별 볼 일 없는 시민단체, 중복되는 시민 단체장부터 정화해 나가면 어떨까 생각된다.

　위정자의 의지만 있다면 가능하다고 생각되어 제안한다.

　그리고 단계적으로 자치단체의 감투 수도 대폭 줄이고 세비 지급도 없어서 감투에 대한 매력을 없애야 한다.

　감투를 봉사하고 심부름하는 자리로 만들어야 한다.

　진짜 봉사와 가문의 명예를 위해 자기 돈 들여 일하는 감투의 세계를 만들었으면 좋겠다.

(21년 11월 12일)

쉬운 일이라도 어려운 일처럼 다려들고,
어려운 일이라도 쉬운 일처럼 다려들어라.

(발타자르 그라시안)

쓸모없다고 버린 대마도對馬島

 오래전 대마도에서 본 삼나무(레드우드) 숲과 편백나무(히노키) 숲에 감명받았다. 고려 말 이성계의 대마도 정벌에 이어 조선 초 이종무의 대마도 정벌 결과 왜구의 출몰은 막았지만, 바위로 뒤덮인 대마도를 쓸모없는 땅으로 판정하여 관리를 현지인에 맡겨 명종 때까지 간접 관리하다가 임진왜란 이후 대마도 관할권은 완전히 일본으로 넘어갔고 그 후 일본은 쓸모없다고 버린 대마도 빈 땅에 나무를 심어 지금은 섬 전체가 고급 목재로 뒤덮여 있는 것을 보았다. 독일에서는 전국에 가문비나무(독일가문비)를 심어 정부와 지자체가 계획적으로 관리하는 것을 보았다. 그 후 필자의 농장 주변에도 편백나무를 심고 우리나라에서는 구하기 힘든 독일가문비나무 등 30여 종의 나무를 심었다. 벚나무 사이에 일부를 심고 일부는 나무 없는 곳에 일부는 대문 문지기용으로 분류해 심었는데 문지기 2 그루는 바로 죽었다. 알고 보니 바닥 밑이 시멘트 포장이 있어서였다. 벚나무 사이에서 살아남아야 하는 독일가문비가 문제였다.

10년이 지난 지금 좋은 조건에서 자란 가문비는 10~12m 이상 높이 솟았고 7m까지 자란 벚나무의 기세 속에 어렵게 살아남은 가문비도 벚나무와 같은 높이까지 올라와 있다. 지금은 가문비가 벚나무 위로 치고 올라올 것이다. 8년이나 먼저 심은 벚나무와 경쟁하면서 자란 독일가문비 같은 잘 자라고 재목이 될 수 있는 나무를 심어야 한다. 벚나무는 가을이 되면 잎이 떨어져 성장을 멈추고 이른 봄에도 꽃부터 피고 나뭇잎이 늦게 나오는데 가문비나무는 가을에도, 이른 봄에도 자라기 때문에 8년 선배인 벚나무보다 훨씬 높이 자란 것이다.

예부터 토끼와 거북이의 경주 이야기가 전해온다. 걸음이 빠른 토끼와 굼뜬 거북이의 경주에서 방심한 토끼가 패한 경우와 같이 계절적 제한을 받는 벚나무보다 8년이나 늦게 심었지만, 4계절 한결같이 자라는 독일가문비가 이긴 것은 우연은 아니다. 옛날엔 일본이 우리보다 못살았기 때문에 고려 말부터 왜구가 살기 좋은 우리나라에 자주 침범하여 약탈해 갔지만 그 후 일본은 열심히 경제, 군사력을 키운 결과 1592년 임진왜란을 일으키며 전세가 완전히 뒤집혔다. 500년이 지난 지금도 일본을 추월하지 못하고 있다.

「놀자 놀자 젊어 놀자」 베짱이 정신 때문일 것이다. 새로 등장한 산타클로스 정부 탓에 놀자족만 늘어 공장 가동을 멈춰야 하고 물류대란이 일어나 물가가 급등하고 있다. 국민 모두 허리띠 졸라매고 일하는 개미 정신으로 돌아가 침체한 경제를 살려내는 노력을 하여 일본을 추월하는 선진강국이 될 수 있도록 일터로 나서야 한다.

(21년 11월 05일)

가난은 많은 뿌리를 갖고 있다.
그 중 제일 큰 뿌리는 무식이다.
배우기를 게을리 하면 자신뿐 아니라.
자식까지도 가난하게 살아야 한다.

(S. 존슨)

불확실성 시대 살아남기

부동산투기 뉴스 속에서 살아가는 집 없는 서민들에게 돈줄 죄기는 또 하나의 고통이 되고 있다. 11월은 김장 준비의 계절이다. 김장철을 앞두고 불어 닥친 장바구니 물가 폭등이 가정주부들에게 큰 걱정거리가 되고 있다.

쪽파 61%, 소금 42%, 달걀 43%, 상추 35%는 저소득층에는 가장 큰 고통이다. 올해엔 배추 생산마저 급감하여 김장철을 앞두고 더 깊은 실음 속으로 몰아가고 있다.

기업 쪽은 어떤가?

각종 원자재가격 폭등에 근로자마저 사라져 공장 가동조차 위협받고 있다. 물건을 팔아도 남는 것이 없으니 대출이자도 못 갚는 기업이 대부분이라 암울하기만 하다. 그 많던 근로자는 어디로 간 걸까? 팬데믹으로 호황을 누리는 택배 쪽으로

다 빠져나가고 일부는 메타버스와 게임 산업으로 몰리면서 제조업 공황 상태가 발생하고 있다. 그런데도 정부는 고용보험으로 퍼주고 놀고먹는 무직자에 퍼주는 일에만 신경 쓰고 있다는 여론이 팽배해있다.

대선에 나온 후보들은 공약다운 공약 하나 없이 진흙탕 싸움만 하고 있어 더욱 화가 난다. 한 후보가 제시한 '식당 총량제'가 도마 위에 올랐다. 규제 때문에 신음하는 중소기업과 자영업을 살릴 정책은 없고 규제만 더 강화하겠다는 이 공약이야말로 생계를 꾸려가려는 서민에게는 독약이 될 수 있는 정책이 나왔으니 더욱 한심스럽다.

전 세계가 원자재가격 폭등과 근로 인력 감소 등의 불황과 불확실성 속에 깊숙이 빠져들고 있다. 서민이나 중소, 자영업자들은 정부만 바라보고 있을 수 없다.

근로자는 근로일수 늘이는 데 집중하고, 영세자영업과 소기업도 지출 줄이고 대출상환에 집중하여 점점 다가오는 파산 공포 속에서 벗어나는 수밖에 방법이 없다.

(21년 10월 29일)

보복의 악순환 끊는 역발상

「칭찬은 고래도 춤을 추게 한다.」는 말이 있다. 말 못 하는 개도 쓰다듬어주면 꼬리치며 친근감을 표하고 먼발치에서 주인이 나타나면 달려 나와 비벼대는 것을 보면서 많은 사람이 개(애완견)를 반려동물의 으뜸으로 생각하고 개를 가족처럼 돌보는 현상이 나타나고 있다. 요즘 반려동물 산업이 급성장 하고 있는 것은 사람보다 동물이 칭찬에 대한 반응이 높기 때문일 것이다. 주변을 살펴보면 칭찬에 인색한 사람이 너무나 많다. 현재 진행 중인 대선주자들의 토론 칭찬에 인색한 대표적인 사례일 것이다.

전 정권에서 일했던 공직자들도 그 당시엔 모두 국민에 봉사하는 모범적인 관료였다고 생각할 것이다. 업무를 수행하는 과정에서 받아서는 안 될 뇌물을 받거나 권력을 남용하여 특정인에게 특혜를 주는 등의 실수를 했지만, 그 행위가 공직생활 전부는 아니었을 것이다. 그들에게도 분명 잘한 것이 있을 것이다. 잘한 것은 찾아 칭찬하고 다른 공직자가 따라 하도록 하면서 잘못한 것을 벌이 아닌 제도를 바로 잡는 계기로 삼는다면 보복의 악순환은 사라질 것이다. 한 대선후보의 전두환 대통령 평가를 놓고 뭇매를 맞고 있다. 그러나 냉정하게 생각하면 잘한 것도 있다. 일방적 매도보다는 하나라도 좋은 것이 있다면 정책에 반영해야 한다. 유치원과 초등학교 선생님의 책상에는 "참 잘했습니다."라는 동근 도장(고무)이 있다. 어린 아이들은 잘못이 있다면 몰라서 한 일이 대부분이다. 잘한 것을 칭찬해주면 그 어린이는 학교 가는 것을 가장 즐거운 일로 생각하고 선생님을 존경심이 높아져 모든 일을 열심히 하게 된다. 반대로 꾸중을 듣거나 매를 맞으면 종일 기분이 상해 공부도 하지 않고 동생이나 자기보다 약한 아이를 찾아 분풀이하게 된다. 그것이 곧 보복이다. 현 사회는 보복이 보복을 낳는 악순환으로 국가발전과 사회 안전을 막고 있다.

지금 일어나고 있는 상대편 약점을 파헤쳐 매도(罵倒)하여 이익을 보려는 정치인과 집단이 너무 많다. 현 정권에서 열심히 일하는 공직자도 임기를 끝내고 그 자리에서 물러날 때 생각지도 않은 보복을 당할 수도 있음을 알아야 한다. 보복은 보복으로 이어진다는 사실을 알아야 한다. 상대방의 허물을 모두 덮으라는 말은 아니지만, 상대의 허물을 파헤치려는 생각을 바꿔 상대방의 좋은 점을 찾으려고 노력하는 것이 좋을 것이다.

조선 500년은 당쟁이 극심했던 사회였다. 남인, 북인, 노론, 소론 등 파당을 지어 상대방을 비난하고 나쁜 점을 찾아 몰락시키려는 사람들이 많았다. 그런 현상은 지금도 이어지고 있다. 파당을 지어 상대방을 몰락시키려 하지 말고 상대방의 좋은 점을 찾아 따라잡고 그들과 같이 잘 사는 사회를 만들어야 한다. 칭찬은 동물도 움직이는데 칭찬으로 사람을 움직이는 것은 식은 죽 먹기일 텐데 사람들은 칭찬에 인색하고 상대방의 약점을 파헤치는 데만 열심이다. 반대로 한번 해보는 것이 초보 역발상이다. 2022년을 초보 역발상 실천의 해로 정하고 칭찬거리를 찾아 나서는 해가 되었으면 좋겠다.

(21년 10월 21일)

대박 노리다 쪽박 찰 수도

우리 사회가 혼란에 빠지고 있다. 코로나 이후 빈부격차는 더욱 크게 벌어지고 정파 싸움은 더욱 거세지고 있어 국민 생활을 살피지 못하고 있다. 혼란을 틈탄 불법 탈법이 특권층을 중심으로 심화하고 있어 정직하게 살아가는 순박한 국민에게 고통 주고 있다.

이런 상태에서 나타나는 현상이 대박을 꿈꾸면서 로또복권을 사는 것은 일상화되었다. 부동산투기가 극에 달해 서민들 가슴은 검정 숯덩이가 되고 있다. 정상적인 생활로는 감당하기 힘든 상황이 되면서 대박만 노리는 현상이 나타난다. 부동산은 감히 생각 못 하는 서민들은 주식만이라도 해서 큰돈 벌겠다고 빚내어 뛰어들지만, 쪽박 차는 경우가 더 많다. 일부는 코인에 뛰어드는 인구도 엄청나게 늘어나고 있지만, 대박보단

쪽박 쪽이 우세할 뿐이다. 부자들은 더 많이 벌겠다고 아파트를 쓸어 담지만 언제 폭락할지 모르고 있으니 아파트에 몰방하는 것은 쪽박 차기가 될 수도 있다. 능력대로 소박하게 사는 것이 더 나을 수 있지 않을까?

오징어게임이 전 세계를 흔들어 대고 있다. 게임업체들이 난립할 것이다. 그러나 그들도 쪽박 찰 것이다. 트롯 열풍이 거세지면서 베짱이들까지 서울로 몰려들고 수천, 수만 명이 경쟁을 통해 뽑히는 몇 명의 속에 과연 내가 들어갈 수 있을까? 생각하면 이 또한 허망한 결과가 될 수 있으니 신중히 참여해야 한다. 본분에 맞게 자기 계발을 하면서 열심히 사는 사람이 더 행복해질 수 있을 것이다.

본분을 지키면서 유행과 투기대열에 휩쓸리지 말고 적성에 맞는 일을 찾아 꾸준히 노력하면 모두 성공한 인생이 될 것이다.

(21년 10월 14일)

너무 많이 긁으면 피부가 상하고,
너무 말을 많이 하면 마음이 상한다.

(러시아 속담)

유비무환有備無患 정신

며칠 전 휴전선 접경지 고랑포에 있는 경순왕릉을 가보았다. 방문객이 꽤 많이 오고 갔다. 입구엔 후손들이 기금을 모아 대단히 규모가 큰 제단을 조성했다. 왕릉 비각 보호목에 후손이 1,000만 명이라고 볼펜으로 쓴 쪽지가 붙어있었다.

묘비 해설판엔 나라가 혼란스러운데 국민이 더 이상 고통받지 않기 위해 나라 경영을 고려에 맡겼다는 변명이 기록되었다. 그래서인지 찾아오는 많은 후손은 그를 크게 원망하지 않는 듯했다.

하니 아프간 대통령도 탈레반과의 전투 한번 해보지 않고 해외로 도주했다. 그의 변명도 국민의 유혈사태를 막으려는 조치였다고 변명했다.

그 지도자들은 국민의 안전을 위한 사전 준비는 하지 않고 구차한 변명만 하면서 자기 혼자 살겠다고 국민을 배신한 배신자들이다.

일국의 대통령은 국가와 국민의 안전관리를 위임받은 통치자이다. 국민의 생명을 지키고 편안히 먹고 살아갈 수 있도록 미리미리 모든 조치를 해야 하는 자리이다. 그렇다고 통치자의 처분만 바라보고 있어서는 안 된다. 방만한 경영으로 국고가 새 나가지 않도록 감시도 해야 한다. 확고한 국가경영 비전 없이 상대방 흠집만 물어뜯는 후보가 대통령이 되어선 안 될 텐데…!

개인은 물론 직장마다 나서서 방만하게 운영하던 시스템을 절약형으로 바꿔야 할 때다. 복지 논리에 휩싸여 공짜만 바라지 말고 자기 본분에 맞도록 생활방식을 가다듬어 또다시 올지도 모르는 IMF 같은 위기를 막아야 한다. 아무런 준비 없이 긴장이 풀린 상태에서 찾아오는 크고 작은 사고와 돌발 사태를 막을 수 있도록 철저하게 준비하고 철저하게 관리하는 유비무환 정신이 필요한 때다.

"사후 약방문"이란 말이 있다. '죽은 뒤에 처방한다는, 뜻으로 때가 지난 뒤에야 어리석게 애를 쓰는 경우를 비유적으로 이르는 말이다. 가족이 죽은 뒤에 후회한 들, 통곡한들 무슨 소용이 있는가. 죽을병을 얻기 전에 건강관리 철저히 해서 발병하지 않도록 하는 일이 중요하다. 경제도 한번 기울면 다시 일어나는데 수년에서 수십 년이 걸린다. 있을 때 절약하고 저축하여 위기를 사전에 막아야 나라도 잘되고, 회사도 잘 되고, 가정도 잘 되는데 가정도 회사도 빚만 쌓이고 있으니 걱정이 아닐 수 없다. 지금이야말로 허리띠 졸라매고 궂은 일자리라도 마다하지 말고 모두 일터로 나서야 할 때다. 유비무환 정신은 나라 지키는 군인에게도 경제활동을 하는 근로자에게도 국가를 이끄는 대통령은 물론 모든 공직자와 경제를 이끄는 기업에도 꼭 필요한 정신자세이다.

(21년 10월 07일)

나를 늙게 만드는 마음은 근심, 욕심, 의심이고,
나를 젊게 만드는 마음은 동심, 호기심, 관심이다.

(김현곤의 인생디자인)

외래어 신조어 단축어 은어 뒤범벅 정부가 나서서 자제하도록 해야

신문을 펼칠 때나 방송을 들을 때마다 새로운 용어가 등장한다.

대다수가 영문이지만 한자 사자성어가 튀어나올 때도 많다.

작은 글씨로나마 우리말 뜻풀이가 붙어서 이해를 돕는 경우도 있다.

몇 번 연속 나오는 경우 뜻풀이가 사라져 이해 못 하고 넘어갈 때가 많다.

새로운 용어를 찾아가며 보는 여유가 있다면 좋겠지만 솔직히 말해서 제목도 다 못 보고 폐기되는 일이 매일 반복된다.

술술 읽을 수 있도록 외래어, 신조어, 단축어, 은어를 줄이고 순수 우리글로 표시했으면 좋겠다.

그냥 대충대충 넘어가고 어렴풋이 느껴지는 감으로 내용을 짐작할 때도 있다. 증권용어는 더 심하다.

경제방송은 외래어 천국! 사이드카(5분간 매매 중단), 서킷브레이커(20분간 매매 중단), 메타버스(가상세계), 펀더멘달(실적), 밸루에이션(가치평가) 등 전문분야의 업무에 관심이 있는 사람에게만 통하는 용어들이다. 생전 처음 보는 용어 화천대유火天大有, 천화동인天火同人 등 혼란스러운 회사명, 상품명도 범람한다. 매카시즘(반공산주의)이나 캐시카우(수익 창출), 제노포비아(외국인 혐오증) 등 매일 쏟아 내는 외래어를 우리말로 표기한 국적 불명의 용어 때문에 스트레스받을 때가 많다.

교수, 지식층, 지도급 인사 젊은이, 학생 등 사회 집단에서 자기 과시용으로 사용하는 용어가 범람하여 대중들에게 불필요한 스트레스를 주고 있다.

세계화된 생활환경의 부작용일 수도 있고 세계화 속에서 살아가려면 어쩔 수 없이 접해야 할 용어들일 수도 있지만, 우리 고유어로 표기했으면 좋겠다.

사회를 선도하는 신문이나 라디오방송, TV 방송 등에서는 무분별하게 남용되는 외래어와 단축어 사용을 자제하도록 정부가 나서서 바로잡아주고 쓰기 쉽고 이해하기 쉬운 우리말과

글을 쓰도록 권장할 필요가 있다.

특히 젊은 층의 단축어, 신조어 생산이 고령층에게 소외감을 주고 있으니 학교가 나서서 바로잡아야 한다.

(21년 09월 30일)

사람들은 도전에 직면해야
비로소 자신이 가지고 있는 잠재력을 발견하게 된다.
자신의 능력을 발휘해야 할 필요가 있을 때까지는
사람들은 절대 자신의 잠재력을 알지 못한다.

(코피 아난 전UN사무총장)

고소 고발 폭주로 더욱 혼란해지는 사회에서 국회의원이 해야 할 일

2021년은 유난히 고소 고발 건수가 폭발적으로 증가하고 있다. 매년 70여만 건씩 발생하는 고소 고발 건수가 점점 증가하여 2019년엔 77만 건까지 늘어났다는 통계가 있다. 참고로 고소란 피해자 또는 피해를 보았다고 주장하는 사람이 수사기관에 범죄사실을 신고하여 소추를 구하는 의사표시이고, 고발은 피해자 이외의 제삼자가 수사기관에 범죄사실을 신고하여 소추를 구하는 의사표시를 말한다. 지금 한창 진행 중인 대통령선거 후보자들끼리도 고소 고발을 밥 먹듯 하고 있다.

절대다수를 차지하고 있는 정당에서 법을 마구 만들어내면서 세상은 더욱 살벌해지고 있다. 야당과 시민단체는 물론 세계가 나서서 자제를 요청하고 있는 언론중재법까지도 밀어붙일 태세이다.

국회의원이 법을 만들기만 하면 도리어 기업 활동과 국민 생활에 불편과 부담만 가중시킨다는 것은 생각하지 않고 법안을 많이 발의하는 국회의원을 능력 있는 국회의원이라 생각한다.

국회가 생긴 후 만들어진 법률이 얼마나 되는지 아는 사람은 아무도 없다.

그런 통계를 내본 일도 없을 테니까.

필자는 법률제정, 개정, 폐기 중 폐기 발의를 많이 하는 국회의원이 많아야 하고 그 실적이 많을수록 유능한 국회의원이며 기업이 활발하게 움직이도록 돕는 애국자라 생각한다.

법률이 하나 제정되면 그에 따른 시행령 및 조례가 수십 가지씩 늘어나서 국민과 기업에 불편을 주고 수십 가지 시행령과 조례로 제한하고 위반하면 벌과금을 부과하거나 형벌을 받게 한다. 결과적으로 생활이 불안정해지고 기업 활동이 자유롭지 못하게 된다. 지금 자영업과 소기업은 빈사 상태다. 모든 분야에 규제가 심해 전문업체에 의뢰해야 하므로 비용이 산더미처럼 늘어난다. 세무는 세무사에, 노동은 노무사에 안전진단도 산업안전 전문업체가 각종 인증도 정부산하기관이 해주면서 지나치게 높은 수수료를 챙겨 경영난이 가중되고 있다. 코로나로 인해 폐업이 속출하고 모든 기업이 못 살겠다고 아우성친 데도 규제는 계속되고 진영을 갈라 고소 고발은 계속되고 있다.

규제를 양산하는 법 제정보다 불합리하고 당리당략에 치우친 법령들을 폐기하는 일에 눈 돌릴 때가 되었다. 법이 늘어날수록 고소 고발은 늘어나기 때문이다.

지속적으로 개정에 개정을 거듭 하여 누더기 법률이 되면 제정자도, 시행자도, 이행자도 잘 모르는 걸레법(누더기법)이 되고 만다.

개정이 필요하면 개정하지 말고 폐기한 후 현재의 여건에 맞게 새로 제정하면 된다.

경제 상황은 계속 악화하고 있다. 법도 경제발전, 사회변화에 맞게 바뀌고 없어져야 한다.

그러므로 그때그때 상황에 맞게 제정하면 현실에 맡기 때문에 폐기에 거부감 줄어들고 폭발적으로 증가하는 고소고발사태도 진정될 수 있을 것이다.

기존 누더기 법률과 그에 따른 시행령, 조례 등을 과감히 폐기하여 더 자유롭고 부담 없이 기업을 영위할 수 있도록 하고 불편 느끼지 않고 살아가도록 해야 한다.

그리고 단순히 생활환경을 제한하거나 일시적으로 행동을 제한하는 사안들은 법률 없이(불문율) 행정부 또는 자치단체가 일시적 행정명령으로 국민을 계도하고 시정하도록 하면 된다.

(21년 09월 23일)

대통령 후보들은 만델라를 선언하라

조선 500년 내내 파당을 지어 상대방의 잘못을 찾아 헐뜯고 공격하는 과정에서 국정이 흔들리고 수많은 학자와 관료들이 죽임을 당하거나 귀양살이를 하는 악순환이 계속되었다.

우리 민족 최대의 고질병인 당파싸움은 현재도 진행 중이며 앞으로도 얼마나 더 지속될지 알 수 없다. 역사에 길이 남을 위대한 지도자가 나와서 이를 단절시켜야 한다. 남아프리카공화국의 「만델라」 같은 지도자가 우리나라에도 나올 수 있을 텐데, 아직은 그런 지도자가 나타나지도 않았고 나타날 기미가 없으니 혼란은 지속될 수밖에 없다. 적폐는 청산되어야 하지만 청산 과정에서 과도하게 피해를 보는 집단이나 당사자는 정치보복으로 생각할 수 있고 과거에는 별 문제가 되지 않았는데 새롭게 제정된 법을 소급 적용하여 가혹하게 처벌한다고 생각한다.

사람은 감정의 동물이다.

자기 잘못을 반성하고 시정하기보다는 감정적으로 받아들이고 화를 참지 못하여 보복하려는 마음을 갖게 된다. 집권자도 권좌에서 내려오는 순간부터 평범한 백성이 되어 특별한 보호를 받을 수 없다. 역대 대통령 중 퇴임 후 감옥에 가 있거나 자결을 하는 등 극단적 선택을 해야 하는 것도 임기 중 피해를 봤거나 보복을 당한 데 대한 재보복 때문이다.

반대 정당에서 집권하는 순간 또 적폐 청산 명목으로 보복을 하는 악순환이 반복될 수밖에 없다. 조선 시대에 반대파의 재기를 막으려고 3대를 멸하고, 부관참시까지 했지만, 당쟁은 수백 년 동안 계속되었다. 결국 적폐는 제도의 개선으로 다시 똑같은 문제가 발생하지 않도록 처리되어야 한다. 대선이 다가오면서 각 당에서는 선거체제로 들어갔고 자천타천으로 예비선거에 출마한 후보들이 뛰고 있다. 제발 '상대방 죽여야 내가 산다.'라는 생각으로 상대방의 비위 또는 약점을 파고들지 말고 나 자신을 잘 관리하면서 국민과 국가를 위해 어떤 일을 해야 할지 좋은 정책을 개발하여 홍보하는 후보자가 되길 바란다. 각종 폐기물 중에는 부패하면서 심한 악취를 뿜어내는 경우가 많다. 먹고 남은 음식물과 가축의 배설물이 대표적인 사례다. 오물을 방치하면 부패과정에서 지독한 냄새와 벌레들이 들끓고 각종 질병이 발생하기도 한다.

그런데 요즘엔 지자체에서 오물을 수거하여 고온으로 건조하고 살균하여 친환경퇴비(비료)로 만들어 농가에 보급하고 있다. 돈도 벌고 생활환경을 쾌적하게 바꿔놓는 환경정화사업의 대표적인 사례이다.

일종의 적폐를 생활의 이기로 만들어내는 사업이다. 과거의 폐단도 잘 개선하면 사회를 아름답게 세상을 풍요롭게 바꿀 수 있다. 600년 이상 죽고 죽이는 파벌싸움을 단절시킬 수 있는 길은 보복보다는 용서와 제도 개선으로 적을 만들지 않는 일이다. 대한민국에도 만델라 같은 지도자가 나타나 감옥에 있는 전직 대통령 모두 사면하고 보복 정치, 1당 독재하지 않겠다고 하는 소위 「만델라 선언」을 하는 지도자가 나왔으면 하는 기대가 지나친 욕심일까?

(21년 09월 16일)

마을회관을 치매예방센터로

요즘 자식들은 부모 모실 생각을 하지 못하는 경우가 많다. 늙은 부모는 요양원으로 보내는 것으로 알고 있을 정도로 부모 자식 관계도 변하고 있고 사회 환경도 변하고 있다.

고려 시대 유행했던 현대판 고려장이 다시 유행하고 있는 대한민국!

이대로는 안 된다. 대통령께서 「치매는 국가가 책임진다!」 아주 좋은 정책이지만 실현은 불가능한 정책이다.

치매 환자를 모두 정부가 책임지고 치료하고 간호하는 일은 세금이 너무 많이 들어가 재정파탄이 날 수 있다. 치매에 걸리지 않게 하는 정책이 더 시급하다. 그 대안으로 마을마다 있는 노인정(마을회관)을 활용하여 치매 예방 활동을 펴야 한다.

세계 최빈국이었던 나라가 30년 만에 경제만은 선진국 대열에 올라섰다.

따라서 노령인구의 증가율도 세계에서 가장 높다고 한다. 이제 평균수명이 85세를 웃돌고 있다.

이들이 모두 요양원이나 요양병원으로 가야만 하는 처지가 된 것은 안타까운 일이다.

다른 어느 복지정책보다도 우선해야 할 정책이 치매 노인에 대한 정책이다.

「노인정을 치매예방센터로!」 2~3개 마을마다 하나씩 있는 전국의 보건소를 확장하여 병설 치매예방센터로 개편하여 치매에 걸리지 않도록 체계적인 예방 활동을 하고 부득이 가정에서 돌보지 못하고 요양원에 보낼 경제적 능력이 없는 치매 환자와 거동이 불편한 노인을 수용하는 시설로 활용하여야 한다.

생활에 여유가 있는 가정에서는 더 시설이 잘된 개인 요양병원으로 보내어 노후를 편안하게 살다 가시도록 하고, 여유가 없는 가정에서는 정부가 운영하는 요양시설에라도 수용할 수 있도록 치매는 정부가 책임지는 복지정책으로 전환하되 전국적 망을 가진 보건소와 노인정(마을회관)을 활용하면 비용을 크게 들이지 않고도 세계인들이 놀라워하는 치매 예방 및 치료센터가 될 것이다.

(21년 08월 26일)

정책은 점진적으로 바꿔나가야 한다

미래를 예측한다는 것은 불가능하다. 다만 용하다고 소문난 점술가는 미래를 100% 예측한다고 말하며 상대방이 가진 재물을 빼앗아 간다.

미래의 예측이 전혀 불가능한 것은 아니다. 과거의 사례와 지금 나타난 사례를 과학적으로 분석하여 미래에 나타날 상황을 대강 예측할 뿐이다.

지금 정부는 국민에게 불신을 당하고 있다. 아파트값이 천정부지로 올라가는데도 안정될 테니 기다리라고 한다든지 곧 폭락이 올 수 있다고 경고하면 다음 날 더 오르는 것을 보며 불만을 터뜨리고 정부 정책을 믿지 않는다. 작년 가을부터 오르기 시작한 대파 한 단은 한때 9,000원을 웃돌기도 했다. 지금은 1,000원 내외로 폭락했다. 농산물 가격을 누가 예측할 수 있겠는가? 하늘만이 알고 신만이 아는 일이다. 정부가 야심 차게 밀어붙이는 원전 폐쇄 전력정책을 놓고도 학계는 물론 온 국민이 불안 불안해하고 있다.

태양광 패널에 새똥이 쌓여 효율이 떨어져도 대책이 없다는 뉴스를 보면서 정부의 정책을 더욱 의심하고 있을 뿐이다. 정부의 우후죽순처럼 생겨나는 코인거래소를 폐쇄한다는 소식에 코인 다 팔아치운 투자자들 또 오르는 코인 값을 보면서 열불이 난다.

100% 예측 가능한 것은 하나도 없다. 언제 어떻게 변할지 모르는 일을 자신들만이 할 수 있다고 밀어붙이는 정부와 공직자들은 참으로 겁 없는 사람들이다.

현재 하고 있는 일이나 정책을 바꿀 때는 조금씩, 조금씩 바꾸면서 변화를 살펴야 한다.

일을 하다 보면 뜻하지 않은 시행착오를 겪게 될 때가 있다. 시행착오는 알고도 겪고 모르고도 겪는 돌발 상황이다. 그런 시행착오까지를 생각하며 점차 시행하고 확대해야 한다. 기존 정책을 어느 날 갑자기 다 바꿔버리는 일은 너무나 무모한 짓이다. 요즘 정부에서 발표하는 각종 통계치를 믿지 않는 사람이 많다. 정책에 맞춰 수치를 조정하는 고의성도 의심하지 않을 수 없다. 무지해서 하는 실수도 잘못이지만 고의로 조작하는 잘못은 가장 나쁜 행위이다. 정책입안자와 실행자들은 밀어붙이는 정책 때문에 수천만 국민이 고통받지 않도록 국민 편에서 국민만 보고 일해야 한다.

(21년 08월 12일)

꿈꾸는 사람은 행복합니다.
현실이라는 땅에 두 발을 딛고
이상인 하늘의 별을 향해
두 손을 뻗어 착실히 올라가야 합니다.

(UN사무총장 반기문)

때로는 반대로 해야

「현 정부와 반대로 하면 된다!」한 대선후보가 기자회견장에서 한 말이다. 어린아이들은 부모가 하라는 대로 하지 않을 때가 많다. 「공부해라! 공부해라!」할 때마다 대답만 하고 게임이나 TV 시청에만 열중이다.

옛말에 멍석 깔아 놓으면 않는다는 말도 있다. 놀기 좋아하는 아이들에게 「넘어지면 흙 묻을까」, 「넘어지면 다칠까」 걱정이 되어 마당에 멍석(볏짚을 엮어 만든 자리)을 깔아주며 그곳에서 놀기를 원하지만, 아이들은 멍석 밖에서 놀기를 더 좋아한다.

예부터 구전으로 전해지는 청개구리 이야기가 있다. 어린 청개구리가 반대로만 하니까 죽음을 직감한 어른 청개구리가 자식 청개구리에게 유언하였다. 「내가 죽으면 앞 냇가에 묻어 다오.」 어미 청개구리는 반대로만 행동하는 자식이 냇가에 묻으라 하면 양지바른 언덕에 묻어줄 줄 알고 한 말이다. 그러나 그 아이는 어미 시체를 냇가에 묻으면서 부모님의 말씀에는 다른 뜻이 있을 것이니 이번에는 그 뜻에 반대되는 행동을 하겠다는 것이다.

반항기 아이들이 반대하기 좋아하는 것은 구속되기를 싫어하기 때문이다. 세상을 살다 보면 모두 지시대로, 법대로, 관행대로 하려고 한다. 모든 사람이 하는 행동이나, 가는 방향대로 가다 보면 큰 문제는 없지만 내게 특별한 이득이 없다는 것을 알게 된다. 그래서 사람들은 보통 사람들과 반대로 해보려고 한다. 그런데 그 반대로 할 때 큰 이익을 보거나 쉽게 그곳에서 벗어날 때가 많다.

매일 주식이 오르면 너도나도 주식을 사려고 달려든다. 그때 산 사람들은 며칠 못가서 폭락하는 바람에 큰 손실을 보게 된다. 최근 많은 투자자가 코인에 투자했다가 코인이 폭락하는 바람에 큰 손실을 보고 있다. 대중이 몰리는 곳에 같이 따라갔다가 손해 보는 경우이다. 아파트값이 천정부지로 오르고 있다. 너도나도 은행에서 대출받아 아파트를 사고 있다. 일시적으로 더 오를 수도 있겠지만 길게 보면 천정부지로 오른 아파트값은 폭락할 수밖에 없다.

오르고 내리는 주기는 사안에 따라 다르다. 변동 주기가 비교적 짧은 코인이나 주식은 6개월 이내에 오름세가 내림세로, 내림세가 오름세로 변할 때가 많다. 그런데 부동산은 그 주기가 10년 정도로 길다. 지금 당장 아파트 폭락이 온다고 할 수는 없다. 그러나 길게 보면 어느 시점에 낙폭이 깊어지다가 폭락세로 돌변할 때가 온다.

오르고 내리는 주기도 살피고 고점이 어디인지 자주 체크하면서 투자해야 큰 손실을 면할 수 있다. 많은 사람이 하는 대로 따라 하는 것이 안전할 수는 있으나 때로는 그들과 반대로 하는 것이 이로울 수 있음을 생각하며 실행에 옮겨야 한다. 산이 높으면 골도 깊고, 낮이 있으면 밤이 있고, 폭염이 지나면 혹한이 온다. 밀짚모자는 겨울에 사라는 증시 격언이 있음도 기억할 필요가 있다.

(21년 08월 05일)

자연(기후, 질병)과의 싸움은 계속된다

인간과 자연은 수 천 년을 살아오면서 싸우고 때로는 타협(적응)하며 살아왔다. 코로나19가 나타났을 때 방역을 철저히 하면 모든 정권과 국민은 소멸할 수 있을 거라 믿었다. 그러나 기세는 좀처럼 꺾이지 않고 있다. 결국은 같이 살면서 적응하는 수밖에 없을 것이다. 백신을 맞으면 해결될 줄 알았지만, 코로나는 계속 변이에 변이를 계속하면서 인간을 괴롭히고 있다. 바꿔 생각해 보면 그들도 살아남기 위해 변이를 계속한다고 보는 것이 더 합리적일 것이다.

백신 개발은 계속해야 하고 감기처럼 몸에 침투했을 때 각자 치료제(약국과 슈퍼에서)를 구매 복용하면서 살아갈 수 있도록 정부와 제약업계는 특단의 대책을 세우고 집중 투자하여 먹는 치료 약 개발에 힘써야 한다.

우리나라에서 이미 개발하여 시판 중인 치료제(주사제)를 인도네시아에서도 공식적으로 사용하고 있으나 정부는 규제만 하면서 치료제를 보급하지 않고 있다. 과감하게 개방하는 것이 국민의 건강을 위해 봉사하는 길일 것이다.

사람과 자연은 수억 년을 같이 살아왔다. 자연을 적당히 활용하고 자연에 순응하면서 살아왔다. 기후 변화 따라 옷을 갈아입고 때맞춰 곡식을 심고 거둬들이는 것은 자연에 순응하면서 사는 길이다. 농림수산부와 농부들은 지속적으로 종자 개량을 시도하고 있다.

풀과의 전쟁도 지속하고 있다. 각종 농약을 개발하여 병충해를 최소화하고 있다. 최근엔 잡초매트가 개발되어 농가마다 매트를 깔아서 풀을 나오지 못 하게 하는 등 모든 분야에서 힘 덜 들이면서 자연을 지배하거나 자연변화에 적극적으로 대처하는 기술을 개발하고 있다.

코로나로 자영업과 소기업이 초토화되고 있다. 힘겹게 견디고 있는 업체와 이미 폐업하고 실의에 빠진 자영업자와 근로자들은 절망만 하지 말고 새 일거리를 찾아야 한다. 지금 겪고 있는 고통을 견뎌내면 새로운 희망이 생길 수 있다. 지속되는 코로나 환경 속에서도 더 꼼꼼히 준비하여 재도전의 기회를 잡아야 한다. 인간은 자연과의 싸움을 계속하며 살아갈 수밖에 없다.

(21년 07월 29일)

초조할 수밖에 없는 일본

올림픽을 개최하는 일본이 초조함을 드러내고 있다. 우리나라 선수촌(숙소)에 내건 「범 내려온다」걸개까지 시비를 거는 걸 보면 그들이 얼마나 초조한가를 단적으로 나타내고 있다. 32회 도쿄올림픽은 기대와 달리 역사상 가장 초라한 행사가 되고 있다. 코로나19가 덮쳤기 때문이다.

관객 없는 경기장에 국내외 유명회사들의 광고도 사라지고 코로나 감염으로 참가선수와 임원에까지 불참이 늘어나고 있다.

우리나라와 일본은 늘 경쟁 관계에 있진 않았다. 삼국시대 특히 백제 시대엔 앞선 문물을 일본에 전달하고 우리 민족이 일본국을 다스릴 정도로 그들은 미개했다.

대마도는 조선 초기 우리나라 땅이 될 정도로 우리의 힘이

막강했지만, 그 후 급속한 발전으로 임진왜란과 정유재란을 겪는 등 수모를 겪기도 했다.

1800년대 명치유신부터 완전 뒤지기 시작 100여 년 이상 그들의 지배를 받거나 영향권에 있기도 했다.

5·16 쿠데타 후 30여 년간 급속도로 발전한 한국은 이제 일본을 능가하기 시작했다. 열 받은 아베 정권은 그들이 자랑하는 부품, 소재산업을 무기로 무역 보복까지 나섰지만, 그 분야까지도 우리의 독자적 기술개발로 막대한 손실을 보는 처지가 되고 말았다.

한국의 발전상을 보고 있는 일본인들에게 한국은 악마 같은 존재로 보일 수밖에 없다. 그러나 우리 선수촌에 걸리는 걸개까지 트집을 잡고 있다. 나날이 발전하는 모습과 발전할 수 있는 여지가 모두 우리 쪽에 있기 때문이다.

우리나라는 코로나로 전 세계가 불경기 속에 신음하고 있는데도 무역흑자가 지속되고 있다. 세계로 실어 나를 배가 부족하여 아우성을 치고 있는 상황을 그들은 차마 보고 있을 수가 없다.

이제 일본을 부러워하거나 일본을 두려워할 필요는 없다. 일본은 작은 것을 잘하지만 우리는 큰 것을 더 잘한다. 아파트도 그들보다 월등히 크고 많다. 배도 그들보다 잘 만들어 전 세계에서 발주하는 물량을 싹쓸이하고 있다. 과거 전 세계에 내다 팔며 자랑하던 전자제품, 반도체도 우리 제품으로 대체되었다.

앞으로도 규모 면에서 우리는 크게 만들고 튼튼하게 만들지만, 그들은 작은 것에 집중하는 습성 때문에 우리가 자만하고 방심하지 않는 한 우리를 앞지를 수 없을 것이다.

(21년 07월 29일)

사람들은 상품과 서비스를 많이 팔려고 애쓰나
믿음을 팔려는 생각은 않습니다.
상품과 서비스를 파는 기업은 흥하기도 하고 망하기도 한다.
하지만 믿음을 파는 기업은 영속한다.

(천광암 언론인)

일자리 몰아낸 최저임금 인상

문 정권 들어서면서 시작된 최저임금 인상은 4년 만에 42%나 상승했다.

저임금 근로자의 일시적 생활 수준 향상이 된 것도 사실이다. 그러나 영세자영업자와 소상공인들은 살아나기 위해 근로자를 줄이기 시작했다.

2017년 필자가 칼럼으로 예측한 1인 기업이 급속도로 증가하기 시작했다.

2021년 현재 1인 기업은 430만 개로 증가했다. 550만여 개의 중소 영세자영업체(제조 및 소상공업체) 중 근로자를 고용하고 있는 기업은 120만여 개만 남았다. 정부는 세금으로 난기 일자리를 대폭 늘리며 대응하고 있다. 대기업과 중견기업은 자동화로 전환했고 중소 제조업과 서비스업도 최소인력으로 운영하는 체제로 전환되고 있다.

주유소는 대부분 셀프로 전환되었다.

고속도로엔 하이패스로 전환되어 수납 요원을 찾아보기 힘들다.

회사마다 무인경비시스템을 갖춰가고 있다.

백화점도 무인 수납체제로 바뀌고 있다.

농촌도 농기계 없이는 일할 수 없는 상황이다.

일자리는 이미 기계와 로봇으로 대체되고 있다.

눈에 띄는 것들만 열거해 보았지만, 눈에 보이지 않는 모든 곳에서도 사람을 덜 쓰는 구조로 바뀌고 있다. 그러니 정부의 일자리정책이 실현 불가능한 헛구호로 볼 수밖에 없다.

그래도 틈새시장은 있다. 힘든 일, 위험한 일, 더러운 일(작업복 입고 땀 흘리는 3D업종) 잔손이 많이 가는 일들은 무인화나 기계화가 불가능하다. 젊은이들이 가고 싶어 하는 좋은 회사는 자동화, 무인화로 바뀌고 젊은이들이 싫어하는 일자리는 외국인들이 점령했었으나 코로나 확산으로 외국인마저 끊어지면서 농촌엔 일손이 없어 밭작물을 갈아엎어야 할 판이다. 일부 제조업체에서는 기술자 부족 현상이 나타나고 있지만 단순 일자리는 점점 더 줄어들 수밖에 없다. 혼자서 모든 일을 해결해야 하는 나 홀로 사업은 계속 살아남을 것이다. 100세까지 살 수 있는 장수 시대에 지금 당장 힘들고 전망이 없다 해도 10년 후를 내다보고 선택해야 하고 80세까지도 할 수 있는 일을 찾는 노력이 필요하다. 공무원 시험은 점점 더 치열해지고 대기업 취직도 더 힘들 것이다. 홀로 사업을 계획하거나 3D 현장(힘들고, 위험하고, 더러운)이지만 고임금이 보장되고 계속 일할 수 있는 자리를 찾아보는 것도 미래를 위한 설계가 될 것이다.

(21년 07월 15일)

알고 나면 별것 아닌데도 처음 접하는 순간에는
당황하고 허둥대는 경우가 있다.
모든 것을 다 할 순 없지만 미지에 대한 두려움은
공부와 경험에 의해 극복할 수 있다.

(R.W 에머슨)

산재사고 법으로 못 막아

전국에서 매일 일어나는 사고 특히 물류창고의 대형화재와 건설 현장의 추락, 붕괴사고, 화학공장 등에서 발생하는 산업재해(사망)로 인한 인명사고와 교통사고(육상, 해상)로 인한 인명사고가 끊이지 않고 있다.

사고가 날 때마다 대통령과 총리가 국민 앞에 사과하고 국회는 사주를 엄격히 처벌하는 법을 만들고 있다. 사주는 언론 앞에 나와 이런 사고가 나지 않도록 철저히 관리하겠다고 다짐하며 조아리지만 사고는 줄지 않고 있다. 언론에서도 사고 발생 원인이 사주(관리자)의 잘못으로 몰고 가지만 관리자들은 억울하다는 말 한마디도 못 하는 것이 현실이다.

국가는 국가대로 회사(고용주)는 회사대로 많은 사전 준비를 하고 있다. 안전교육도 하고 안전시설도 갖추고 있고 안전

관리원도 있지만 사고를 막지 못하고 있는 것이 현실이다. 필자도 40년 이상 회사를 경영하면서 수없이 많은 시행착오와 작은 사고를 겪고 있다. 매일 조회하고 하루도 거르지 않고 안전교육을 실시하고 있지만, 안전을 강조한 날도 사고는 난다.

근로자들이 위험 요소를 사전에 찾아 제거하고 위험한 기계나 장비를 사용할 때는 긴장감을 유지하면서 일해야 함에도 순간적으로 실수할 때가 있다.

근로자와 고용주 같이 노력하지 않는 한 안전사고는 막을 수 없다는 것이 40년 경험을 통한 결론이다.

필자는 안전사고를 막아보려고 「안전박사」라는 책을 출간하여 보급하기도 했다. 안전사로 막는 한 방법으로 집에서 아침에 출근하는 가장에게 바가지(잔소리) 긁으면 안 된다는 내조자가 해야 할 일도 강조해 보았다. 기분이 상해서 출근한 날 안전사고율이 더 높다는 사실을 가족들도 알고 함께 사고 막는 일에 신경 써야 한다.

고용주(사주)가 더욱 신경 써야 하는 것은 당연하고 회사의 안위를 위해서도 안전대책을 소홀히 할 수는 없는 일이다. 사고 날 때마다 강력한 법을 만들어 처벌하는 것만으론 사고를 막을 수 없다. 안전은 안전할 때 모두가 사고 예방에 나서야 한다. 다치고 싶어 다친 사람 없듯이 회사도 사고 나면 막대한 피해가 있으니 사고 나도록 내버려 둘 경영자는 없다. 순간의 방심이나 돌발 사태로 발생하는 사고는 당사자와 가족과 회사와 국가가 모두 나서서 빈틈없이 준비하고 지속해서 교육하고 작업 시에는 딴생각하지 말고 끝날 때까지 긴장을 유지하여 안전사고를 막도록 해야 한다.

특히 위험한 작업일수록 하루하루 고용하는 일용근로자와 경험이 부족한 비정규직, 처음 작업장에 투입되는 알바생 등 경험 없는 근로자의 배치를 금지하고 경험 많고 기술 수준 높은 숙련공을 위험한 작업장에 먼저 배치하는 관리시스템을 갖춰야 사고를 크게 줄일 수 있다는 결론이다. 운반이나 적재, 콘크리트타설 등 힘든 일은 주로 장비를 사용하고 기계가 못하는 곳에 인력이 투입된다. 인력투입은 최소화하도록 작은 기계 기구를 많이 갖추도록 하는 것도 사고를 줄이는 방법이 될 수 있다.

정부는 최저임금만 계속 올려서 초심자와 장기근속자 간의 임금 격차를 줄이는 정책도 재고해야 한다. 임금 격차가 크지 않은 장기근속자, 숙련공은 계속 퇴사하고 있다. 경험 부족, 기술 부족한 단순노동자들이 현장에 투입되고 있어 사고는 계속되고 있다.

건설관련법도 조정되어야 한다. 큰 금액의 정부 발주는 대기업이 독식하고 대기업은 중소기업에 중소기업은 영세소기업에 소기업은 자영업자에 단계적으로 하도급을 주고 말단에서 일하는 소기업이나 자영업체에서는 설계가의 50%~40% 선에서 일해야 하는 구조적인 문제로 숙련공이나 장비를 쓰지 못하고 일당에 의존하는 한 아무리 많은 법을 만들어도 사고는 막을 수 없다.

(2021년 07월 08일)

나는 힘이 센 강자도 아니고,
두뇌가 뛰어난 천재도 아닙니다.
날마다 새롭게 변했을 뿐입니다.
그것이 나의 성공 비결입니다.
변화 속에는 반드시 기회가 숨어 있습니다.

(빌게이츠)

비정상을 정상으로 돌려놓아야 한다

기업마다 살아남기 위해 기구를 축소하고 유사한 부서를 통폐합하면서 남아도는 인력은 과감히 줄이고 있다. 통폐합과 단순화만이 기업이 살아남는 시대가 되었다. 경기가 좋을 때는 반대로 기구를 확장하고 인력도 충분하게 채용해야 한다. 경기가 나빠지면 나빠질수록 매출이 부진한 품목은 과감히 퇴출해서 지출 요소를 줄여야 경쟁에서 이길 수 있다.

1980년대에 비생산적 기구를 축소하고 관리감독기관의 축소를 통한 지출을 줄이고 인력감축을 통하여 경쟁력을 확보하자는 「다운사이징」 운동이 일어났다. 지금도 전 세계는 다운사이징으로 경쟁력 확보에 나서고 있다. 그런데 우리 정부와 정치권은 반대로 가고 있다. 각종 위원회를 계속 늘리고 있고 공직자도 계속 늘리고 있다. 청년들의 불만을 해소하기 위해 청년특임장관까지 신설해야 한다는 발상도 나오고 있다. 정부의 빚은 기하급수적으로 늘고 있다. 기업마다 부채가 눈덩이처럼 불어나고 있고 가정도 은행 대출이 늘어나고 있다. 늘어나는 빚은 언젠가는 갚아야 한다. 한은에서 올해에 금리 인상을 예고하고 있다. 빚 갚을 것은 계산도 하지 않고 모두 쓰고보자고 나가고 있다. 젊은이들이 나서야 한다. 그 빚은 모두젊은이들이 감당해야 하는 몫이기 때문이다.

대선이 다가오고 있다. 자천타천으로 대권에 도전하려는 이들이 속속 등장하고 있다. 정당마다 10여 명씩 나오고 있으니후보만 20명이 넘는다. 후보가 난립할수록 비용이 늘어날 수밖에 없다. 후보 수를 제한하고 조기 과열을 막는 것도 나라를안정시키는 일이다.

정부는 방만한 기구를 축소하고 공무원 증원을 중단하여 세금 낭비를 줄여나가며 세금이 많이 걷히면 빚부터 갚아나가야하는데 집권 연장을 위해 퍼줄 궁리만 하고 있다. 농촌에는 일할 사람이 없다. 마을마다 인구는 계속 줄고 평균연령이 70세이상으로 고령화되었다. 이동할 사람도 없는데 빈 버스만 계속 놀아나니고 있다.

경기 침체로 상점들이 계속 문을 닫고 있지만, 대책이 없고,아파트는 계속 지어도 집 없는(무주택) 서민은 늘어만 가고 있다. 수십, 수백 채씩 가진 다주택자들의 아파트를 팔 수 있는 정책이 필요한데 계속 아파트만 공급하겠다고 한다.

언젠가는 아파트값이 폭락할 것이다. 폭락을 대비하도록 지속적인 홍보와 보완책이 필요하다. 주식이 폭등한 후에는 반드시 폭락이 오는 것은 상식이다. 그런데도 폭락은 대비하지 않고 투기에만 열 올리고 있다.

가상화폐(코인)가 폭등하니까 너도나도 빚까지 끌어모아 달려들었다. 지금 코인값이 반 토막이 났다. 모두 쉬쉬하고 있다. 폭등할 때는 모두 돈 벌었다 자랑하지만 폭락한 후엔 손해 보았다는 사람은 나타나지 않는다.

요즘 세상은 요지경이다. 정상적인 것을 찾아볼 수 없다. 비정상은 반드시 정상으로 돌려놓아야 한다. 잘못된 것 비정상적인 것이 모두 정부 탓이고, 상대방 탓이라 해도 해결되지 않는다.

모든 기관과 모든 부서의 구성원들이 하나하나 시정해나가야 한다. 복잡한 것은 단순화하고 방만한 것은 축소하고 불필요한 기구는 폐지하거나 통합해야 한다. 이대로 미적대다가는 세계 10위 경제 강국이 세계 최빈국으로 전락할 수도 있음을 우리 모두 깨달아야 한다.

(2021년 06월 24일)

공정하고 공존(상생)하는 사회

야당의 새 대표에 30대 젊은 청년이 당선되었다. 맞서는 정당은 물론 온 국민이 놀랐고 정치가 바뀔 수 있다는 희망도 품게 되었다. 젊은 새 대표의 일성은 「공정과 공존」이었다.

이 나라 정치인들에게 꼭 필요한 말을 신진 젊은 정치인이 외친 것이다. 정치인들 머릿속에는 상대방을 죽여야 내가 산다는 생각밖에 없다. 경제, 국민의 안위 따위는 국민 듣기 좋아하는 겉치레에 불과하다.

이들에게 꼭 들려줘야 할 말을 공정과 공존(상생)으로 정했으면 좋겠다.

정치가들 입에서 상생의 정치를 하겠다는 말은 자주 듣지만, 실제 행동으로 옮기는 것을 본 일이 없기 때문이다.

지금 정치권에서 실천에 옮겨야 할 가장 중요한 덕목은 바로 공정과 공존(상생)이다.

어느 한 편이 잘못되어야 내가 잘될 수 있다는 생각을 버리고 같이 잘되거나 상대방보다 더 노력해서 앞설 생각을 해야 한다.

경쟁 관계에 있는 사람이 잘못되어야 내가 잘될 수 있다고 생각하는 사람이 99.9%일 때 이 사회는 늘 소란스럽고 늘 극한 대립이 일어나게 된다.

특히 여와 야는 늘 대립하고 싸움질로 한 해를 보낸다.

지난 정권에서도 극한 대립과 상대를 죽여야 내가 산다는 생각과 행동으로 일관했다.

상대방을 꺾기 위해 모함도 하고 비방도 하고 잘하는 것도 헐뜯고 잘못한 것은 더 과장하고 반대만 해야 하는 정치인들에게 딱 한 가지 공존(상생)의 묘약이 있다.

서로 잘못되는 것을 찾아 시정하도록 하고 서로 잘되려고 더 노력하는 성숙한 사회가 되었으면 좋겠다. 상생 실천을 위한 대안으로 첫째, 선거법을 고쳐야 한다. 현행 소선거제를 중선거제로 바꿔 한 선거구에서 몇 명이 뽑히도록 하면 지금과 같은 극한 대결상황은 줄어들 것이다. 둘째, 대통령은 국가를 위기에 빠뜨리는 중대 범죄를 저지르지 않았다면 퇴임 후에도 법정에 서지 않는 제도가 필요하다. 임기 동안은 소신껏 국민만을 위해 정치하고 퇴임 후 일반 국민 속으로 돌아가 평범한 삶으로 돌아갈 수 있다면 경쟁자를 모두 적폐로 몰아 감옥에 보내고 내 편들이 계속 정권을 잡도록 하는 독단적인 정치를 하지 않아도 되기 때문이다.

셋째, 조선 시대에 있었던 청백리제도를 부활하여 부동산투기, 알선수재 등 부정부패로 치부하지 않고 지역사회는 물론 자손 대대로 존경받는 모범적인 공직자가 되려고 노력할 것이다.

넷째, 현재 남발되고 있는 고소, 고발을 자제하고 지역별로 직장별로 청백리와 지역의 명망가로 구성하는 「상생협의기구」를 설치하여 사소한 다툼은 「상생협의회」에서 조정하는 풍토를 만들어나간다면 모든 문제를 법정으로 끌고 가지 않아도 될 것이다.

공존(상생) 하나만 실천한다면 대한민국은 세계에 으뜸가는 나라가 될 수 있다.

남을 또는 상대방을 죽여서 내가 잘되려 하지 말고 같이 잘 되거나 상대방, 더욱더 연구하고 노력하고 더 벌어서 잘 되는 데 모두 동참해야 한다.

공존(상생)을 실천하면 세상을 얻게 될 것이다.

공존(상생)을 실천하면 그 사람을 따르는 후배들이 구름같이 모일 것이다.

영원히 역사에 남을 인물은 곧 공존(상생)을 실천하는 지도자일 것이다.

(2021년 06월 17일)

모든 행동은 그와 똑같이
반사 에너지를 일으킨다.
뿌린 대로 거두는 법,
타인에게 행복과 성공을 줄 수 있도록 행동했다면
우리 업보의 결실은 행복과 성공으로,
이것이 바로 카르마법칙입니다.

(디팩 초프라)

말로 주고 되로 받는 역발상

대부분 사람들은 지금의 이익만을 위해 상대방과 물불 가리지 않고 싸운다. 일 년 내내 국회가 싸움으로 지새는 것도 상대편보다 자기편의 이익을 위한 극단적 이기주의 때문이다. 상대편 것만을 빼앗아 내 것으로 만들려는 얄팍한 이기주의가 나라를 망치고 있다. 고 정주영 회장의 「말로 주고 되로 받기」 역발상은 큰 반향을 일으키기도 했다.

미국의 지도자들은 자국 내 석유(세일가스) 매장량을 알면서 오랫동안 개발하지 않고 외국의 비싼 원유를 사다 썼다.

석유 고갈 문제가 제기되고 유가가 급등하면서 세일가스 개발을 시작하여 지금은 세계에서 가장 많은 석유 생산국이 되고 있다.

현 정부 들어서면서 당면한 경제정책보다 핵 문제를 해결하기 위한 노력에 더 많은 노력을 하고 있다. 북한은 핵 개발에 집중하면서 경제개발을 소홀히 하여 각종 생필품이 부족하고 특히 당장 먹고살아야 하는 쌀이 부족하여 남쪽에 지원을 요청하고 있다. 생필품이 부족하고 각종 시설재와 공작기계가 부족한 북쪽과의 협상에서 "말로 주고 되로 받기 작전"은 역발상 병법이 될 수 있을 것이다.

비교적 여유가 있는 남쪽의 쌀과 생필품을 주면서 북에서 장비 부족으로 채굴을 못 하는 철광석(희토류 등)이나 주변 바다에 매장되어 있을 것으로 예측되는 석유 시추권, 동·서해의 어장 사용 등 앞으로 10배, 20배 튀길 수 있는 미래의 자원을 확보하는 말로 주고 되로 받기 정책은 남북관계를 효과적으로 관리하는 역발상 작전이 될 것이다.

북한은 지금 고도의 기술과 많은 자본이 필요한 미래의 자원보다는 당장 먹고살아야 할 식량과 생필품이 필요하기 때문이다.

국민이 낸 세금을 풀어 저소득층을 돕는 일은 옛날이나 지금이나 필요한 일이다. 그래도 아무런 일도 시키지 않고 나눠주면 안 된다. 작은 일(폐기물 정리, 실개천 주변 정비, 야산에 마구 자라는 나무 전지 등) 이라도 시키고 그 대가로 지급해야 한다. 정부는 말로 주고받는 쪽은 최소한의 노력이라도 제공해야 한다.

서로 간에 주는 만큼 받아야 한다는 생각으론 경직된 남북 관계도 국민화합도 풀어가기 힘들 것이다. 당장은 손해 보는 듯해도 미래의 가치가 있다면 더 주고 덜 받는 역발상이 필요하다.

되로 주고 말로 받으려는 보통 사람들의 사고방식을 뛰어넘는 혜안이 필요한 때다

(21년 06월 10일)

해야 한다면 즉시 하라.
이것은 성공의 조건이다.
미루는 습관을 고치는 방법은
일이 있는 그때 즉시 하는 것이다.

(수춘리)

지금은 택배천국

천국이란 하느님이나 신이 사는 이상세계를 말하지만 사람 살기 편리한 세상을 천국이라 말하기도 한다. 코로나19가 나타난 지 햇수로 3년째 되고 있다. 금년 가을쯤 되면 마스크 쓰지 않고 각종 공연장이나 모임에도 나갈 수도 있을 것이다. 그 동안 코로나로 오갈 수 없었으니 물건을 보내고 받는 것조차도 쉽지 않았겠지만, 택배회사들이 우후죽순처럼 생겨나면서 물건 주고받는 일이 더 편리해졌다.

코로나로 덕을 본 대표적인 분야는 택배업일 것이다. 과거에 물건을 사고팔 때는 사람이(당사자) 직접 가서 고르고 대금을 치르고 직접 들고 오거나 싣고 와야 했다. 지금은 주로 인터넷으로 거래가 이루어지고 온라인 송금으로 대금결제가 되고 입금 확인 즉시 배송이 이루어지는 세상이 되었다.

택배회사만 좋은 건 아니다. 일자리 없던 젊은이(운전은 잘하는)들의 새로운 직장(직업)이 생겼으니 그들에게도 좋은 일이다. 소비자 또한 앉아서 가장 이른 시간에 필요한 물건을 받아볼 수 있어 좋다. 모두에게 좋은 택배가 새로운 사업으로 자리 잡은 것은 코로나 덕분이다.

코로나로 많은 사람이 고통받고 있지만 한 편에서는 돈 잘 버는 기업이 생겨나고 앉아서 편리하게 구매하는 소비자가 있고 앉아서 주문받고 배달 업체에 위탁하는 사업으로 변했다. 모두에게 편리한 세상이 되었으니 이런 사회가 곧 택배천국이다.

세상 사람들은 빠른 것을 좋아한다. 통신수단이 그들을 만족시키고 있다. 운송업체들도 그들을 만족시키기 위해 밤낮없이 뛰고 있다. 과거엔 1주일 이상 걸리던 물건이 주문 다음 날 도착이 된다. 더 빨리 1초라도 빨라야 더 많은 수익을 내는 초고속 시대로 변신에 변신은 계속되고 있다.

지금은 자동차와 오토바이 배달 시대이지만 앞으론 드론과 로봇이 그들의 업무를 대신하는 시대가 될 것이다. 배달로 생계를 꾸리던 라이더(배달 기사)들에게 또 다른 위기가 올 수 있으니 현재에 만족하지 말고 미래의 직업을 준비해야 할 것이다.

(21년 05월 27일)

법만으로 산재사고 못 막아

전국에서 매일 일어나는 사고 특히 대형화재와 대형철강, 화학공장에서 발생하는 산업재해(사망)로 인한 인명사고와 교통사고(육상, 해상)로 인한 인명사고가 끊이지 않고 있다.

2014. 4. 16일 세월호 침몰 사건으로 300여 명의 학생이 희생된 지 6년이 지났지만, 그 후에도 대형화재 사고와 교통사고, 붕괴사고 등이 지속해서 발생하고 있다.

사고가 날 때마다 대통령과 총리가 국민 앞에 사과하고 국회는 법을 강화하면서 다시는 이런 사고가 나지 않도록 철저히 관리하겠다고 다짐하지만 사고는 줄지 않고 있다. 언론에서도 사고 발생 원인이 사주(관리자)의 잘못으로 몰고 가지만 관리자들은 억울하다는 말 한마디도 못 하는 것이 현실이다.

국가는 국가대로 회사(고용주)는 회사대로 많은 사전 준비를 하고 있다. 안전교육도 하고 안전시설도 갖추고 있고 안전관리원도 있지만 사고를 막지 못하고 있는 것이 현실이다. 필자도 40년 이상 회사를 경영하면서 수없이 많은 시행착오와 작은 사고를 겪고 있다. 매일 안전교육을 실시하고 있지만, 안전을 강조한 날도 사고는 난다.

근로자들이 위험 요소를 사전에 찾아 제거하고 위험한 기계나 장비를 사용할 때는 긴장감을 유지하면서 일해야 함에도 순간적으로 실수할 때가 있다.

근로자와 고용주 같이 노력하지 않는 한 안전사고는 막을 수 없다는 것이 40년 경험을 통한 결론이다.

필자는 안전사고를 막아보려고 「안전박사」라는 책을 출간하여 보급하기도 했다. 안전사고를 막는 한 방법으로 집에서 아침에 출근하는 가장에게 바가지(잔소리) 긁으면 안 된다는 내조자가 해야 할 일도 강조해 보았다. 기분이 상해서 출근한 날 안전사고율이 더 높다는 사실을 가족들도 알고 함께 사고 막는 일에 신경 써야 한다.

고용주(사주)가 더욱 신경 써야 하는 것은 당연하고 회사의 안위를 위해서도 안전대책을 소홀히 할 수는 없는 일이다. 사고 날 때마다 강력한 법을 만들어 처벌하는 것만으론 사고를 막을 수 없다. 안전은 안전할 때 모두가 사고 예방에 나서야 한다. 다치고 싶어 다친 사람 없듯이 회사도 사고 나면 막대한 피해가 있으니 사고 나도록 내버려 둘 경영자는 없다. 순간의 방심이나 돌발 사태로 발생하는 사고는 당사자와 가족과 회사와 국가가 모두 나서서 빈틈없이 준비하고 지속해서 교육하고 작업 시에는 딴생각하지 말고 끝날 때까지 긴장을 유지하여 안전사고를 막도록 해야 한다.

특히 위험한 작업일수록 초보 근로자, 경험 없는 비정규직, 처음 작업장에 투입되는 알바생 등 경험 없는 근로자의 배치를 금지하고 경험 많고 기술 수준 높은 숙련공을 위험한 작업장에 먼저 배치하는 관리시스템을 갖춰야 사고를 크게 줄일 수 있다는 결론이다.

정부는 최저임금만 계속 올려서 초심자와 장기근속자 간의 임금 격차를 줄이는 정책도 재고해야 한다. 장기근속자, 숙련공을 우대하고 초보자(경험 부족, 기술 부족)의 임금은 낮춰서 경영환경을 개선하면 안전시설도 확충하고 경험 많은 안전관리 요원도 배치할 수 있는 여유가 생길 것이다.

(2021년 05월 13일)

투자와 투기

현 정권 들어 아파트값이 갑자기 폭등하여 사회 문제가 되고 있다.

그런데 아파트를 보유하고 있다가 자산가치가 늘어났거나 아파트를 오른 값에 팔아 이익이 많이 발생한 사람들을 투기꾼으로 몰고 있다.

이들이 왜 투기꾼이란 말인가?

결론부터 말하자면 정부 정책의 허점 때문에 아파트값이 오른 것은 정부의 실책이고 분양가를 높이 책정하여 주변 아파트 시세까지 높인 것은 지방자치 단체의 실책인데 엉뚱하게도 선량한 시민에게 투기꾼이라는 오명을 씌워 책임을 떠넘기려 하고 있다.

원래 투자와 투기는 구분이 힘들다.

사전을 찾아보면 투기는 확신도 없이 큰 이익을 노리고 하는 행동이고 투자는 이익을 얻을 목적으로 자금을 대는 행위라고 되어있는데 국어학자들의 실수로 보아야 한다.

"확신도 없이"를 요행을 바라고 법을 위반하며 라고 고쳐야 할 것이다.

투자든 투기든 자금을 댈 때는 확신이 가기 때문에 하는 것이지 손해 볼 것이 확실하거나 이익이 없는 곳에 자금을 대는 사람은 없다.

있다면 그 사람은 미친 사람이지 정상적인 사람이 아니다.

투자자와 소위 언론에서 말하는 투기꾼은 모두 이익을 목적으로 자금을 댔기 때문에 구분할 수 없는 것이다.

다만 세금을 탈루하여 부당이득이 발생했을 때 또는 법을 위반하여 큰 수익이 발생했을 때 이를 투기로 보아야 한다.

큰 이익이 발생한 것만으로 투기꾼이라 한다면 LNH나 SH 또는 돈 많은 회사와 개인들이 투기꾼이 되는 것이다.

증권 투자도 마찬가지이다.

투자신탁, 국민연금 등 정부 투자기관이나 펀드 운용자들이 큰돈을 벌고 있으니 이들이 투기꾼이지 개미들이 몇 푼씩 벌었다 하여 주식 투자자들을 투기꾼으로 모는 사회가 잘못된 사회이다.

마찬가지로 주식도 법을 어기고 시세 조정을 했다든지 허위 공시를 하여 떼돈 벌었을 때 이들을 투기꾼으로 판정하는 투기꾼의 기준이 있어야 한다.

투자를 도덕적 기준만으로 문제가 되면 투기로 몰아붙이고 투기를 잡아야 한다고 야단법석을 떨고 있는 정부와 언론이 문제일 뿐이다.

선량한 시민을 투기꾼으로 몰지 말고 시세 차가 심하게 발생하지 않도록 정부와 지방자치단체, 언론, 시민단체가 함께 나서서 가난한 서민들의 울화병을 치유하도록 같이 협조해주기를 바란다.

아무런 제도나 제재 없이 광풍처럼 번지는 코인거래도 투자인지 투기인지 구별이 잘되지 않는다.

결론적으로 주가 폭등, 코인폭등 등 책임은 이익을 찾아 움직이는 개인이나 집단에게는 아무런 죄가 없다.

정책을 입안하고 실행에 옮기는 정부와 지방 자치 단체에 모든 책임이 있다는 것을 분명히 알아야 하고 언론도 올바른 보도를 해야 하며 비판만 일삼지 말고 대안을 제시하고 정부와 각 단체에서 내놓은 대안들을 분석하여 좋은 제도로 정착하도록 협조해야 할 것이다.

(2021년 05월 07일)

수천 년 전통의 가족제도 붕괴 위기

쿤타킨테는 1767년 아프리카 감비아에서 노예로 팔려 미국으로 건너온 후 온갖 박해를 견디며 살아온 사람이다. AP헤일리의 7대 할아버지가 쿤타킨테이다. 헤일리는 조상의 뿌리를 찾아 아프리카로 건너가 10여 년간 현지 답사한 이야기로 1977년 퓰리처상을 수상하면서 뿌리 찾기 운동이 일어났다. 이때 우리나라에서도 족보가 없는 가정에 없던 족보를 새로 만드는 현상이 일어나기도 했다. 우리나라는 수천 년 전부터 조상을 섬기는 풍습이 자리 잡고 있어 지배계급에서는 반드시 족보를 만들어 보관하고 후손 대대로 조상께 제사 지내는 풍습이 이어졌다. 그런데 갑자기 부성(父性) 우선 원칙을 폐기하는 건강가정 기본계획을 발표했다. 2025년까지 부부가 협의하면 자녀에게 어머니의 성을 물려줄 수 있도록 하는 법률이다. 그렇게 되면 이 씨와 박씨 성을 갖는 자녀가 나오고 자녀들이 결혼하면 또 다른 성이 추가되는 등 몇 대가 지나면 수십 개의 성씨가 한 가계에 발생하여 전통적 가족제도가 붕괴하고 족보는 아주 사라지게 된다.

필자의 경우 신라 시대부터 44대(약 1320년)에 이르는 가승보가 있는데 앞으로 수십 년대에 이 씨 아닌 다성 가계로 변하게 될 것이다. 후손들은 족보는 없어지고 뿌리를 찾을 수 없게 되는 것이다. 미국의 경우 결혼하면 여자는 남자의 성을 따르게 되어있다. 세계 많은 나라에서 남성의 성을 따르도록 하는 가족제도가 정착되어 있는데 5000년 역사를 자랑하는 한민족의 전통을 무너뜨리는 건강가정 기본계획은 철회되어야 한다. 대신 현재 문제가 되는 미혼모, 비혼모, 이혼 후 재혼 자녀의 성 선택만은 현실을 고려하여 모성 또는 부성으로 선택할 수 있도록 법을 개정한다면 큰 혼란 없이 5000년 이어진 전통을 유지하면서도 새롭게 발생하는 미혼모, 비혼모에서 태어난 이들이 성씨를 선택하는 데 큰 문제가 되지 않을 것이다.

(2021년 04월 28일)

저수지에 물이 가득해야 풍년이 온다

전국엔 크고 작은 저수지가 있어 모내기 철에 물 공급을 원활히 해주고 있다. 벼가 자랄 동안 논엔 항상 물이 있어야 한다. 우리나라 농촌은 관개시설이 잘 되어있다. 저수지에 물을 가득 채워 놓고 필요할 때 적기에 공급하면 풍년을 기약할 수 있다.

저수지가 바닥을 드러내면 그해 농사는 망치게 된다. 비수기에 빗물을 최대한 가두어 두어야 봄부터 논에 물을 대고 모심기를 할 때까지 충분히 공급할 수 있다.

그러나 전국의 어느 곳도 겨울철에 준설하는 곳을 볼 수 없다. 지방자치단체와 공직자들이 철저하게 관리해야 한다.

전국에 실핏줄처럼 얽혀있는 실개천 개보수 현장도 볼 수 없다. 실개천에 물이 흘러야 저수지로 흘러드는 물이 많고 물을 가득 채워 놓아야 봄 농사를 지을 수 있는데 그렇지 못해 하늘에만 의존하는 경향이 있다.

천정천이 된 실개천을 준설하고 바닥이 드러난 저수지의 토사를 준설하여 담수 능력을 극대화해야 한다.

천정천이란 개천 바닥이 주변 논이나 밭보다 높은 내를 의미한다.

해마다 쌓이는 토사를 제때 준설하지 않고 둑만 조금씩 쌓아서 생긴 개천이다. 이런 천정천은 비가 조금만 와도 둑이 터지고 물이 넘쳐 논밭을 휩쓸어 간다. 개천의 위치가 수시로 바뀌는 현상까지 나타나기도 한다.

수년간 쌀이 남아서 걱정이었지만 작년엔 흉작으로 쌀값이 많이 올랐다. 풍년이 들 때 쌀을 비축해 두어야 한다. 실개천을 준설하여 개천에 물고기가 살도록 하면 생태계도 복원되고 물 부족도 해결된다.

4대강 후속 조치로 지방자치단체별로 간헐적으로 진행되고 있는 실개천 보수공사는 규모를 늘려 지속해서 실시해야 한다.

예부터 치산치수 잘하는 임금이 성군이라 했다. 치산치수 잘하는 지도자를 뽑고 온 국민이 잘 관리하여 바다로 흘러드는 물을 자원으로 활용하는 것이 부강한 국가 경제를 만드는 기본이다. 일부 환경단체의 반대에도 4대강 사업을 강행한 대통령이 지금은 대접을 못 받고 있지만, 길게 보면 그런 지도자가 있어야 농촌경제가 안정되고 나라가 부강해진다.

(2021년 04월 15일)

사람은 자신의 실수를 인정할 정도로 그릇이 크고,
그 실수에서 배움을 얻을 정도로 현명하며,
그 실수를 담을 만큼 강해야 한다.

(존 멕스웰 미국 작가)

대한민국의 대변신

수천 년 동안 조상 대대로 살아온 초가집이 슬레이트집으로 시작했다. 슬레이트집은 기와집으로 변신을 거듭하며 마침내 30층 고층 아파트가 전국에 세워졌다.

경제개발이 시작되면서 도시로 밀려 들어오는 인구를 감당할 수 없게 된다. 1960년대 연립주택이 들어서기 시작했다. 인구의 도시집중으로 생겨난 새로운 주거 형태였다. 지금은 대도시는 물론 중소도시와 농촌에까지 아파트가 보급되어 세계인이 놀라는 초고층 아파트 단지로 변신하였다. 변신에 변신을 거듭한 주거시설이 앞으론 스마트시티가 된다고 하니 국토의 무한변신은 주거시설이 주도하고 있다고 할 수 있다. 소달구지나 겨우 지나던 오솔길이 신작로(넓은 비포장도로)가 되고 5.16 후 첫 작품인 경부고속도로가 생긴 후 도로의 변신은 계속되어 전국을 고속도로망으로 변신시켰다. 지금은 도로가 칼라로 변했다. 진출입로를 연두색, 주황색, 파란색 등으로 이용자가 쉽게 진입, 출입할 수 있도록 했다. 집은 없어도 자동차는 모두 있어야 움직일 수 있다. 도로마다 자동차가 가득하여 움직임이 느려지면서 플라잉카(날아다니는 자동차) 시대를 연구하고 있다.

풀과 나뭇가지를 때어 밥 짓고 난방도 하던 시대가 1960년대부터 연탄으로 바뀌고 연탄 아궁이에서 석유보일러로 석유에서 전기로 난방 수단의 변신은 70%가 산지인 우리나라를 녹색 숲으로 변신시켰다.

통신은 어떤가—미투리(짚신) 신고 전국을 걸어서 소식을 전하던 시대에 살던 사람들이 전보 시대를 거쳐 백색전화와 청색전화로 소식을 전하던 것이 엊그제 같았는데 온 국민이 핸드폰으로 문자도 보내고 게임도 하고, 주식과 가상화폐도 사고팔고 송금까지 하는 변신이 계속되고 있다. 앞으로는 원격검진까지 핸드폰이 담당할 것이다. 로봇 시대도 곧 도래된다. 로봇 청소, 로봇 택배는 이미 시작됐고 로봇 경비에 이은 로봇 전쟁도 가능해질 것이다.

변화가 가장 늦은 분야는 정치권이다. 그런데 이번 선거 결과를 보고 국민도 놀랐고 집권당이 매우 놀라 국민께 머리 조

아리며 대변신을 약속하고 나왔다. 대한민국의 마지막 변신이
며 완전한 선진국으로 진입하는 계기가 되었으면 좋겠다.

(2021년 04월 08일)

배에 탄 사람이 돛을 조정하여 목적지로 가듯
주어진 환경은 어떻게 할 수 없어도,
열악하거나 불리한 상황을 이겨내기 위해
우리가 할 수 있는 일은 많아요.

(공병호의 일취월장 중)

깜박이 단속 시작

주행 중 갑자기 옆 차량이 끼어들어 아찔해질 때가 많다. 사전에 깜박이(방향지시등)기를 켜고 일정 거리를 진행하다 끼어들어야 자기 차선을 운행하던 운전자가 기꺼이 양보해 줄 수 있는데 아무런 사전 신호도 없이 갑자기 끼어들면 배신감이 들고 추돌 위험까지 있어 흥분하게 되고 스트레스 쌓일 때가 한두 번이 아니다. 필자가 퇴근길에 거의 매일 당하는 일이 있다. 직진 차량이 우회전 차로로 진행하다가 신호가 바뀌면 그대로 서 있어서 우회전해야 하는 차량들이 같이 서 있어야 한다.

직진 차선, 우회전 차선, 좌회전 차선을 구분하지 않고 진입하면서 깜박이라도 켜주면 양보할 마음이라도 생기는데 아무런 신호도 보내주지 않고 멋대로 서 있을 때 너무 분통이 터져

보복하고 싶을 때가 있다. 4년 전 썼던 칼럼 내용이 인제 와서야 실현되고 있어 다행이다. 깜박이 암행 단속이다. 지금까지 단속 대상은 보복 운전에 국한되고 있었다. 70m 전방에서부터 우측 또는 좌측으로 진행하려는 차는 깜박이(방향지시등)를 켜게 되어있다. 그러나 깜박이를 켜지 않고 달려드는 운전자에 대해 단속은 하지 않았다. 인제야 암행 단속을 시행하고 일부 구간에서는 카메라를 설치하여 단속하기도 한다.

경찰은 암행 단속을 하면서 지속해서 홍보하고 위반자는 계도를 해야 한다. 전국적으로 깜박이 켜기 주간을 주기적으로 설정하고 현수막이나 방송을 통해 깜박이를 꼭 켜서 사고도 막고 상대 운전자의 양보도 자연스럽게 받아내는 캠페인을 벌여야 한다.

단속이 무서워 지키는 것보다 나의 안전과 상대방의 안전을 위해 필요한 운전자의 기본자세임을 알고 행동하는 운전자가 되어야 한다.

(21년 04월 01일)

순환형 임대주택 제도

※순환임대 주택이란?

서울시가 2010부터 시행하려 했던 제도로 미리 확보한 임대주택을 재개발사업이 완료될 때까지 저소득 세입자에게 공급하는 제도이다. 재개발이 완료된 후 원 지역으로 입주하면 비어있는 주택은 또 다른 개발지구의 세입자가 입주하는 제도이다.

"순환형 임대주택은 동북, 동남, 서남, 서북권 등 4개 권역에 나눠 짓는다."

서울시가 계획했던 순환형 임대주택은 계획으로 그쳤다. 계획대로 실행되었다면 지금 겪고 있는 임대료 대란은 없을 것이다.

지도자의 의지에 따라 서민 생활에 미치는 영향은 대단하다. 지나치게 치솟은 아파트 가격과 임대료 급등은 서민들에겐 독약이고 희망 없는 삶이다. 늦었지만 2010년에 계획했던 순환형 임대주택제도를 2021년부터 부활해야 한다. 올해는 시장선거가 있는 해로 후보자마다 주택정책을 쏟아 내고 있지만, 근본적 대책이 나올지는 의문이다.

필자는 오래전부터 준아파트급 고층연립주택을 주장했고 12년 전에 제안했던 순환형 임대주택 건설을 재차 제안해 본다.

한강 하구엔 광활한 고수부지가 있다. 파주와 고양시 접경에 방치되고 있는 이 지역을 임대주택 단지로 개발한다면 50만 – 100만 호를 지을 수 있다. 도심 재개발이나 재건축이 있을 때마다 해당 지역에 살던 사람들이 2~3년 임대주택으로 이사해야 하는데 지금과 같은 고가의 임대료를 감당할 수 없으며 입주할 물량도 없는 실정이다. 파주 고양 접경지역의 고수부지를 매립하여 고층(10층 내외)의 조립식 주택을 건설한다면 입주 시기도 크게 단축할 수 있고 서울과 같은 대도시에서 재건축, 재개발이 있을 때마다 큰 혼란과 고통 없이도 해결할 수 있는 가장 좋은 제도가 될 것이다. 개발 시작 때 임시 입주(2~3년)한 후 개발이 완료되면 부담 없이 살던 곳으로 들어가고 그 자리에는 다른 개발이 시작될 때 그곳 주민이 들어가는 순환식 주택단지가 되므로 투기도 사라지고 주거안정도 되고 큰 부담 없이 자연스럽게 재개발, 재건축이 이루어지는 제도이다.

주택의 여유가 생긴다면 청약을 기다리는 무주택자에게도 저리로 임대할 수 있어 주거 안정은 물론 주기적으로 일어나는 투기도 사라질 것이다.

(21년 01월 20일)

승자는 넘어지면 일어나 앞을 보고,
패자는 일어나 뒤를 본다.
승자는 패자보다 열심히 일하지만 여유가 있고,
패자는 승자보다 게으르나 늘 바쁘다고 한다.

(디아스포라 경전 중)

Part 2
정책이 된 역발상 칼럼

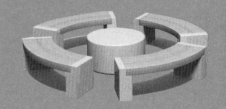

1 갓길 활용

고속도로마다 갓길이 있다. 조금만 확장하면 차선 하나씩 늘어난다. 이 제안 초기엔 반대의견이 많았다. 고장 차량을 세우고 견인할 수 없다는 이유였지만, 갓길 차선 요소요소에 주머니 주차장과 졸음쉼터로 그 문제는 해결됐고 이제는 갓길 활용차선이 점점 늘어나고 지금도 연장공사가 곳곳에서 진행되고 있는 것을 볼 수 있다.

인생에서 원하는 것을 얻기 위한 첫 번째 단계는
내가 무엇을 원하는지 결정하는 것이다
−벤스타인

2 울릉도 비행장 필요

    현재 배를 이용하는 울릉도 관광은 시간도 오래 걸리고 풍랑이 일면 꼼짝 못 하고 현지에서 며칠씩 기다려야 하므로 많은 제약을 받는다. 그래서 울릉도를 가고 싶어도 갈 수 없는 곳이다. 공항이 생기면 당일 관광도 가능할 뿐 아니라 중국 관광객과 일본 수학여행단을 유치할 수 있어 울릉도 경기가 제주도 못지않게 좋아지는 동시에 인근에 있는 독도의 영유권 문제도 자연스럽게 해결될 수 있어 제안했는데 현재 공사가 진행되고 있어 머지않아 비행기로 당일치기 관광이 가능해질 것이다.

2019년 2월

2 - 1 비행기 타고 울릉도 간다

1978년부터 울릉도에 비행장이 필요하다는 여론이 있어 타당성 조사 결과 '경제성 없음'으로 취소되었다. 그리고 2010년 경북지사의 공약으로 다시 경제성 평가를 했으나 또 '경제성 없음'으로 좌절되었다.

2011년 인간개발연구원이 주최한 포럼에서 국토해양부 장관에게 '이은구 칼럼'을 보내 강력히 건의하여 2013년 07월 09일 '경제성 있음'으로 공항 건설이 확정되었다.

총공사비 약 5,000억이 들고 2017년 정식 취항 예정이다. (공사 지연으로 아직 미취항 상태임)

필자의 생각이 하나하나 중요정책으로 채택될 때마다 큰 보람을 느낀다.

울릉도 공항이 건설되면 우리나라 관광객은 물론 일본, 중국을 비롯한 동남아 관광객이 몰려들 것이고 독도문제도 자연스럽게 풀릴 것으로 기대한다.

과거에 썼던 울릉도 비행장 관련 칼럼을 다시 한번 게재한다.

2013년 7월 12일

2 - 2 울릉도 비행장

독도를 놓고 한·일 간에 한 치의 양보도 없이 대치하고 있다.

물론 우리 처지에서는 역사적으로나 실효적 지배 면에서 당연히 우리 땅이다.

그러나 일본 쪽에서는 나름대로 논리를 펴면서 자기 땅이라 주장하고 있다.

동해를 일본해로 울릉도와 독도 사이 해저 명을 모두 일본식 지명으로 지정하는 데 성공했다.

경제적 우위를 바탕으로, 외교적 우위를 바탕으로 독도를 확보하기 위한 100년 동안의 치밀한 준비와 노력의 결실이다.

이에 비해 우리의 노력은 대단히 소극적이고 그때그때 문제가 될 때만 요란법석을 떠는 정도이다.

동해는 물론 동중국해까지 샅샅이 뒤져 한 치의 땅이라도 더 확보하려는 일본 정부의 집념으로 보아 독도를 포기할 기미는 전혀 없다.

독도를 실효적으로 지배하는 우리나라로서는 대응하기가 여간 곤혹스러운 일이 아니다.

울릉도를 국제 관광지로 개발하는 아이디어가 있어 소개하고자 한다.

타당성 조사를 마친 것은 아니지만 울릉도에 비행장을 건설하고 세계 관광객 특히 일본 관광객을 많이 유치하면 관광 수입도 극대화할 수 있고 지척에 있는 독도까지 관광 코스를 확대하여 실제 지배하고 있는 상황을 일본 관광객에게 보여줌으로써 다음 세대의 일본인들에게 독도가 한국 땅임을 인식시키는 효과까지 거둘 수 있을 것이다.

지금 전 세계는 관광객 유치에 열 올리고 있다.

특히 태국, 인도네시아, 필리핀, 베트남 등 동남아 저개발 국가에서조차 관광 사업에 전력을 기울이고 있는 마당에 천혜의 관광 자원이 있는 한국만이 이 분야에 눈을 돌리지 않고 있어 안타깝다.

정부는 지금부터라도 제주에 이은 제2, 제3의 관광특구를 만들어 외화 수입은 물론 분쟁 중인 독도문제까지 일거에 해결하는 지혜를 발휘하여 주길 바란다.

3 평화공원과 대동강의 기적

    남북이 대치 중인 DMZ 일부의 철책을 걷어내고 세계 각국의 관광객 2,000만 명을 유치할 수 있고 남북한의 관광객이 와서 하루를 즐기면서 남북공동으로 벼룩시장을 개설하고, 이산가족 찾는 장소도 만들면 남북 간의 긴장 완화는 물론 세계 각국의 관광객이 구름같이 몰려드는 현상이 벌어질 것이다. 남북이 화해하는 이 사업이 성공한다면 박근혜 대통령과 김정은이 같이 평화상을 탈 수 있는 계기가 되리라 생각되어 제안했다.(정부의 구상이 빨리 실현되기를…….)

※ 정권이 바뀌면서 이 사업은 더욱 구체화하고 있으나 북미 간의 협상이 잘 돼야 유엔을 비롯한 미국의 제재가 해제되면서 공사가 진행될 것이 확실하다.

2019년 2월

4 긴급신고 전화 통합

필자가 2014. 10. 02 일자 칼럼을 통하여 지적하였던 긴급 전화(응급 전화) 시스템이 통합된다. 그간 너무 많아 복잡하기만 하고 사용실적이 미미했던 20여 종의 긴급신고 전화가 새로 통합 신설된 국민안전처에서 2016년부터 119, 112, 110으로 통합 운영하기로 하였다.

화재, 구조, 구급, 해양, 전기, 가스 등 재난 관련 긴급상황은 119로 통합하고 폭력, 밀수, 학대, 미아, 해킹 등 범죄 관련 긴급상황은 112로 통합하여 관리한다.

그 외 일반민원상황(각종 행정민원, 요금, 범칙금 등 생활민원과 청소년, 여성, 노인, 정신질환 등)은 110으로 통합하여 2016년부터 실시하기로 하였다는 반가운 소식이다. 정부는 모든 분야에서 복잡하게 분산된 업무를 통합하여 비효율을 효율적으로 개선해나가야 할 것이다.

참고로 2014년 10월 2일 필자가 지적하였던 칼럼을 같이 게재한다.

2015년 2월 6일

아내! 이 세상에서 아내라는 말같이 정답고
아늑하고 편안한 이름이 또 있겠는가.
천 년 전 영국에서는 아내를 피스 위버(peace weaver)
평화를 짜는 사람이라고 불렀다.

(피천득 시집가는...중)

5 회전교차로(로터리)의 확산

충청남도 예산군 덕산면은 옛날부터 온천으로 유명한 곳이다. 그러나 오랫동안 침체되었던 곳이 도청이 들어오면서 활기를 띠기 시작했다. 도청 소재지가 되면서 교통량이 많이 증가하여 곳곳이 공사판이다.

그중 예산IC, 고덕IC, 서산IC, 해미IC 등 5개 지역으로 갈라지는 교통요지에 신호등이 생기면서 차량흐름이 극도로 악화한 곳이 있다.

수년 전부터 신호등 대신 회전교차로가 차량흐름을 빠르게 할 수 있다고 주장하는 필자에게는 짜증 나는 1호 교차로가 되었다. 그런데 이게 웬일인가? 며칠 전부터 복잡하게 세워졌던 신호등이 모두 철거되고 로터리 공사가 한창인 것을 보았다. 주변에 새로 생기는 교차로가 이미 회전교차로로 바뀌어 있다. 모든 회전교차로에서 차량이 서 있는 것을 볼 수 없다.

이보다 먼저 신호등을 회전교차로로 작업을 시작한 곳이 있다. 서울시와 서울지방경찰청은 편도 2차선 이하의 거리에 시범적으로 회전교차로를 설치하고 있다. 국토교통부는 2011년부터 전국에 있는 6만여 개소의 교차로 중 우선 100여 개소에 한국형 로터리를 시범적으로 설치하겠다고 발표한 바 있다.

로터리는 신호등이 없어 차량 소통이 원활하고 빠르지만, 차들이 엉킬 수 있는 단점이 있다.

현행 신호체계에 익숙해진 보행자들도 상당 기간 불편을 느낄 수 있을 것이다. 그러나 현행 신호등 체계보다는 신호대기 시간이 없어 차량흐름이 빨라지고 유류 소비도 대폭 줄어들며 매연 발생도 많이 감소하는 등 좋은 점이 많아 전국적으로 확대해 시행하는 것이 좋을 것이다.

1900년대부터 도시로 도시로 모여든 사람들은 집 없이는 살아도 차 없이는 살 수 없는 상황이 되었다. 때맞춰 설치하기 시작한 교통신호등은 복잡한 도시에서 교통사고를 줄이고 차량흐름을 조절해 주는 주요한 역할을 해왔다. 매년 설치지역이 늘어나면서 이면도로는 물론 하루 20여 명이 이용하는 시골길까지 교통신호등을 설치하여 신호등 공해가 발생할 정도로 많아졌다. 신호등을 더 설치하는 것은 통행에 방해되고 자원 낭비를 부추기는 시설물이 될 것이다. 통행량이 많지 않은 이면도로와 지방 중소도시 주변부터 회전교차로로 바꾸는 것이 좋을 것으로 생각한다.

교통 당국과 지방자치단체는 인구이동이 많지 않은 교차로와 신설되는 교차로부터 단계적으로 회전교차로(로터리) 화 하여 주기 바란다.

2016년 11월 25일

5 - 1 회전교차로

회전교차로보다는 로터리라는 말이 일반 대중들에겐 더 익숙한 말이다.

삼각지 로터리는 가수 배호의 노래로 더 유명해졌고 로터리의 대명사가 되었다.

필자에겐 2년 6개월간 군 생활을 하면서 매일 돌아다니던 길이라서 더욱 감회가 새로운 이름이다.

그러나 1960년대부터 교통량의 폭주로 인하여 로터리 기능이 마비되었다.

1970년대부터 현재의 삼각지, 입체교차로로 바뀌었다.

전국에는 6만여 개소의 교차로가 있다.

전두환 정권 때 로터리를 전부 허물고 신호등 체계로 바뀌었는데 특정인의 돈벌이를 위해 전국의 로터리가 없어진다는 루머가 돌 정도로 전국의 로터리는 급속도로 해체되었다.

국토해양부는 올해(2011년) 전국 100여 개소에 한국형 로터리를 시범적으로 설치하겠다고 발표했다.

로터리는 신호등이 없어 차량 소통이 원활하고 빠르지만, 양보심이 부족한 운전자들 때문에 차들이 엉킬 수 있는 단점이 있다.

현행 신호체계에 익숙해진 보행자들도 상당 기간 불편을 느낄 수 있을 것이다.

그러나 현행 신호등 체계보다는 신호 대기시간이 짧아져 차량흐름이 빨라지고 유류 소비도 대폭 줄어들며 매연 발생도 많이 감소하는 등 좋은 점이 많아 전국적으로 확대해 시행하는 것이 좋을 것이다.

차량흐름을 방해하는 또 하나의 현상은 수백 년 동안 사람과 달구지들이 다니던 꼬부랑꼬부랑 시골길을 급한 대로 포장하여 사용하는 지방도로이다.

　지방도로의 직선화도 시작해야 하고 박정희 대통령 때 강력하게 실시했던 접도구역도 부활해야 도로 확장에 드는 막대한 보상비를 절약할 수 있는 근본 대책이 될 것이다.

2011년 1월 14일

인간에게 에너지와 열정이 없다면 미물이나 다름이 없다.
에너지와 열정을 갖고 일을 추진하라.
그런 열정은 다른 직원들에게 전염되어
조직 전체 열정이 살아난다.

(젝 웰치)

6 4대강과 실개천

정부는 대운하 접고 4대강 살리기로 방향을 선회했다.

필자가 수차례 제안한 소운하부터의 변형이다.

경인운하에서 소운하의 노하우 축적하여 대운하를 준비하고 4대강 살리기로 일자리 창출하겠다는 정부의 의지가 꺾이거나, 지연되지 않도록 전 국민이 동참하고 찬동해야 할 것이다.

필자는 소하천 살리기에 참 많은 관심이 있다.

어린 시절 실개천에서 송사리, 붕어 잡고 운 좋은 날엔 장어까지 잡던 생각이 지금도 아른거린다. 늘 개천에서 놀았고 개천과 논바닥이 얼면 썰매 타기로 하루를 보내기도 한 기억이 생생하다. 어머님께서 설빔으로 명주 바지 해주시면 썰매 타다 풍덩 빠져 오들오들 떨던 추억이 그립기만 하다.

물과 같이 있으면 몸속까지 시원해진다.

그러던 물이 자취를 감췄다.

2~3m만 파도 식수용 물이 샘솟던 시절이 50년 전이지만 지금은 100m~200m를 뚫고 들어가야 물이 나온다.

50년이 지나면서 우리나라는 물 부족 국가로 전락했지만,

아직 물을 살리기 위한 노력은 없었다.

이제부터라도 시작해야 한다.

60년대 전국에서 펼친 새마을운동처럼 물길 뚫기, 물길 확보, 물 살리기도 전 국민이 함께해야 한다. 물이 없으면 사람도, 식물도, 동물도 살 수 없는 사막이 되고 말 것이다.

물 쓰듯 한다는 말이 있다. 물은 흔해 빠진 것, 물은 늘 공짜란 생각이 이젠 옛말이 되고 말았다.

물 소중함을 온 국민이 느껴야 하고 2009년을 물 관리 원년으로 삼아야 한다.

대통령의 의지가 강해서 4대강은 살아날 것 같다.

그러나 4대강만으로 물 문제가 해결되지는 않는다.

샛강과 실개천을 동시에 살려야 한다.

4대강은 정부 주도로, 샛강은 민간주도로, 실개천은 지방자치단체 주도로 동시다발적으로 시작되어야 한다.

6월이 지나면 우기로 접어든다.

우기가 오기 전에 후다닥 해치워야 국고 손실 없이 효율을 극대화할 수 있다.

차일피일하다 시기 놓치지 않도록 속전속결, 전광석화처럼 진행되길 바란다.

2009년 1월 10일

7 위안부, 징용 보상은 우리 정부가 통 크게 해결해야

역대 정권은 국민감정을 고려하여 위안부 문제를 풀지 못하고 한 세기를 보냈다. 새로 출범한 정부가 해결해야 할 외교적 과제 1호가 위안부와 징용 배상 문제이다.

얼마 남지 않은 위안부를 위로하고 노후나마 별 어려움 없이 지낼 수 있도록 하려고 조직된 정대협과 그 후신 정의연은 30여 년간 할머니들에게 큰 위안이 되는 것으로 모든 국민이 알고 있었다.

성금을 내어 돕도록 하는 온 정이 계속 답지했으나 위안부 할머니들의 복지보다는 사용처가 불분명하다는 보도가 있고 난 뒤 국민의 분노가 폭발하였다.

몇 명이 모인 친목회도 회장, 부회장, 총무, 감사 등으로 역할을 분담하여 작은 지출도 투명하게 하려고 노력하는데 일본군의 만행을 규탄하고 일본에 진실한 사죄를 요구하는 대단히 중요한 단체가 불투명한 회계처리로 질타받는 사태는 대단히 불행한 일이다.

이 단체를 투명하지 못하게 이끌어온 인사들을 모두 몰아내고 해당 단체도 해체해야 한다. 국가가 나서서 당파를 초월하여 냉정하게 시시비비를 가려 다시는 비리가 없도록 하여야 한다. 자칫 정파의 이익이나 안위를 위해 적당히 덮어 나간다면 더 큰 불행이 오고 일본과의 외교에서도 좋지 않은 영향을 끼칠 것이다.

전 정권에서는 이 문제를 해결하지 못하고 과거에 맺었던 약속까지 파기하여 역으로 당사국인 일본으로부터 공격받고 있다.

이럴 때 역발상이 필요하다. 일본의 침략을 막지 못하고 나라를 통째로 내준 국가의 잘못으로 발생한 중대 사건을 일개 시민단체에 맡겨두고 있는 것은 정부의 무능이다.

당사국인 일본에 위안부 문제를 우리의 요구대로 처리할 수 있는 아량은 없다고 본다.

우리 정부가 통 큰 역발상 정책을 편다면 오랫동안 일본에 눌려 살던 우리의 한을 우리가 풀 수 있는 좋은 기회가 될 것이다.

모두 세상을 떠나고 10여 명밖에 남지 않은 위안부 문제를 우리 정부가 직접 나서서 정리하고 우리 국가가 배상도 하여 그들을 위로하고 한·일 간의 국민감정을 제거한 후 일본에 구상권을 청구하는 등 정부 간에 조용히 처리하는 결단이 필요하다고 생각한다.

　일본의 지도자들이 두고두고 후회하게 될 역발상 정책이 될 것이다.

　적대관계가 오랫동안 지속되면서 상호협력으로 더 발전할 수 있는 기회도 놓치고 있다. 새 정부가 이 문제를 양쪽 국민감정을 건드리게 하지 말고 조용히 털고 나간다면 큰일을 한 정부로 기억될 것이다.

　징용자 배상 문제도 우리 국가가 배상하고 구상권 문제는 정부 차원에서 해결한다면 한일 문제는 깨끗이 풀어지고 상호협력관계로 발전할 것이다.

(22년 05월 12일)

지금 내게 주어진 것은 내일을 오늘로 당겨 쓸 수도,
지나간 어제를 부활시킬 수도 없다.　바로 지금 이 순간에 몰입하라.
지금이야말로 세상이 여러분에게 주는 가장 소중한 선물이다.

(스펜스 존슨의 선물 중)

제품인증서

한국표준협회장

|주|신이랜드는
어린이 놀이시설, 체력단련시설, 휴식시설
전문 도매업체로 지식경제부가 인정한 안전한 제품을
가장 저렴한 가격과 서비스로
신속하게 출고할 것을
약속드립니다.

|주|신이랜드의 모든 제품은 발명특허, 실용신안, 디자인 등록이 된 제품이오니 지적 재산권 침해로 인한 법적,
경제적 피해를 입지 않도록 부디드립니다. (침해사실을 알고 계신 분은 제보해 주시기 바랍니다.)
(제품의 품질 개선을 위하여 별도의 고지 없이 사양이 변경 될 수 있음.)

 |주|신이랜드 **SINI LAND** Co., Ltd.

본사 • 공장 : 경기도 고양시 일산동구 한류월드로 78 (장항동)
Tel. 031_903_8681, 8687, 5456 Fax. 031_902_9871

siniland.co.kr   SL2000.co.kr

e-mail : si8681@chol.com